Un manuel de l'art de la reliure

contenant des instructions complètes dans les différentes branches de l'expédition, de la dorure et de la finition. Aussi, l'art de marbrer les bords des livres et du papier.

James B.Nicholson

Writat

Cette édition parue en 2023

ISBN : 9789359254135

Publié par
Writat
email : info@writat.com

Contenu

PRÉFACE.

Les progrès de l'art de la reliure ont rendu obsolètes presque tous les ouvrages écrits sur le sujet ; leurs descriptions ne s'appliquent plus aux méthodes pratiquées par les meilleurs ouvriers. Tout au long de cet ouvrage, les opinions et remarques d'autres auteurs ont été adoptées sans altération, à moins qu'elles n'entrent en contact avec des connaissances pratiques. Tout ce qui ne résisterait pas à cette épreuve a été rejeté et, à la place, ont été décrits les modes de fonctionnement que le jeune relieur devra apprendre et pratiquer s'il désire imiter l'habileté des meilleurs artistes.

Le plan de l'ouvrage est tiré de "Arnett's Bibliopegia " ; et tout ce qui est donné dans cet ouvrage et qui a une certaine approche de l'utilité se trouvera dans ces pages. Il s'agissait d'abord simplement de réviser cette production ; mais au cours de la révision, tant de choses ont été rejetées qu'il a été jugé préférable de passer en même temps sous silence les travaux des autres. « L'art ornemental de Cundall » a fourni les premiers incidents de l'« Esquisse des progrès de l'art de la reliure » ; et, comme la meilleure autorité en la matière, « Woolnough's Art of Marbling » a été adapté à ce pays. Les "Suggestions in Design" de M. Leighton ont été mises en contribution afin d'enrichir le sujet de l'art ornemental. Les "London Friendly Finishers' Circulars" ont été une acquisition précieuse pour l'écrivain, et nous sommes convaincus que ce travail le sera également pour le jeune finisseur. "Cowie's Bookbinders' Manual", "Arnett's School of Design", "Gibb's Hand-book of Ornament" et "Scott's Essay on Ornamental Art", en plus de ceux reconnus dans le corps de l'ouvrage, ont fourni quelques indications précieuses.

On espère que ce volume s'avérera utile à ceux qui créent des bibliothèques, en fournissant des informations correctes sur des sujets qui sont importants pour le collectionneur de livres, et que ses tendances seront d'augmenter et de renforcer l'amour pour l'art.

JBN

PHILADELPHIE, 1856.

INTRODUCTION.

Esquisse des progrès de la reliure.

Les premiers documents disponibles sur la reliure prouvent que cet art est pratiqué depuis près de deux mille ans. Dans le passé, les livres étaient écrits sur de longs rouleaux de parchemin ou de papyrus, enroulés et attachés avec une lanière en cuir coloré et souvent très ornée. Ces rouleaux étaient généralement attachés à un ou, parfois, à deux rouleaux de bois ou d'ivoire, ou parfois d'or, un peu comme nos grandes cartes sont maintenant montées, et les bossages à l'extrémité des rouleaux étaient souvent très décorés. Cette décoration peut être considérée comme le premier pas vers l'art ornemental appliqué à l'extérieur des livres.

Un savant Athénien, nommé Phillatius , à qui ses compatriotes élevèrent une statue, trouva enfin un moyen de relier des livres avec de la colle. Les feuilles de vélin ou de papyrus étaient rassemblées par deux ou quatre , cousues à peu près de la même manière qu'aujourd'hui ; et puis, pour conserver ces feuilles, est venue, bien entendu, une couverture pour le livre.

Il est probable que les premières couvertures de livres étaient en bois, peut-être en planches de chêne ordinaire ; puis, comme les livres étaient alors tous manuscrits, et que des reliures en chêne sculpté de très grande valeur étaient données à ceux qui étaient les plus décorés à l'intérieur.

Recouvrir la simple planche de bois de vélin ou de cuir serait, au fil des années, une amélioration trop apparente pour être négligée ; et des spécimens de livres ainsi reliés, de la grande antiquité dont il existe des preuves incontestables, existent aujourd'hui.

Il y a des raisons de croire que les Romains ont porté l'art de la reliure à un degré considérable de perfection. Quelques-uns des offices publics avaient des livres appelés Dyptichs * , HYPERLINK "https://gutenberg.org/files/55056/55056-h/55056-h.htm" \l "footnote1" dans lesquels étaient écrits leurs actes. La reliure de l'un d'eux en bois sculpté est ainsi décrite : — « Assis au centre de chaque planche est un consul, tenant d'une main un bâton, et de l'autre, levée, une bourse, comme s'il était en train de lancer à un vainqueur des jeux. Au-dessus se trouvent des portraits miniatures, divers autres ornements et une inscription ; en dessous, sur un tableau, se trouvent deux hommes conduisant des chevaux pour la course, et au-dessous d'eux un groupe, avec une représentation ridicule de deux d'autres hommes, démontrant leur endurance à la douleur en permettant aux crabes de s'attacher à leur nez. Une petite impression d'un dyptique sur ivoire du cinquième siècle, dans les « Livres des Anciens » de M. Arnett, peut être consultée comme spécimen du genre d'ornement alors adopté. Un vieil écrivain dit que, vers l'époque chrétienne, les livres des Romains étaient recouverts de cuir rouge, jaune, vert et violet, et décorés d'or et d'argent.

Si nous remontons quelques siècles plus tard, nous constatons que les moines étaient presque les seuls lettrés. Ils écrivaient principalement sur des sujets de religion et accordaient le plus grand soin à la décoration intérieure et extérieure de leurs livres. Au XIIIe siècle, certains évangiles, missels et autres livres de culte des églises grecques et romaines étaient ornés d'argent et d'or, apparemment travaillés au marteau ; parfois ils étaient émaillés et enrichis de pierres précieuses et de perles de grande valeur. Les figures en chêne sculpté de la Vierge, ou de l'Enfant Sauveur , ou de la Crucifixion, étaient également les ornements fréquents des couvertures extérieures. L'une de ces reliques antiques est ainsi décrite par le bibliothécaire d'Henri VIII.

« Tout ce que j'ai à faire, c'est d'observer que ce livre (que plus j'ai regardé, plus j'ai toujours admiré) a deux planches épaisses, chacune d'environ un pouce d'épaisseur, pour ses couvertures, et qu'elles étaient reliés au livre par de grandes lanières de cuir, dont les planches deviennent maintenant très lâches avec le temps. Bien que j'ai vu un grand nombre de livres anciens et que j'ai souvent examiné leurs couvertures, je ne me souviens pas avoir jamais vu de planches sur aucun d'entre eux. C'était la manière de relier, semble-t-il, à cette époque, surtout si les livres étaient d'une valeur extraordinaire, comme c'est le cas ici. "Il était habituel de couper des lettres dans les couvertures, et de telles lettres étaient le mieux conservé en les plaçant dans quelque partie creuse, ce qui pourrait facilement être fait si les planches étaient assez épaisses. Je suppose donc que même les copies de la Pastorale *de Grégoire* qui furent données aux églises cathédrales par le roi *Alfred* avaient une épaisseur si épaisse. couvertures également, afin que celles-ci puissent être mieux réparées par les *Æstals* . Ce qui me fait penser ainsi, c'est que l'extérieur de l'une des couvertures de ce livre est creux, et qu'il y a une sorte de figure grossière sur une plaque de laiton. qui est fixé dans la partie creuse, figure que je suppose avoir été conçue pour la Vierge *Marie* , à qui l'abbaye était dédiée. Au-dessus était autrefois fixée une autre plaque beaucoup plus grande, comme le montrent clairement les clous qui la fixaient et d'autres petites indications qui existent aujourd'hui, et il est probable qu'elle était en argent, et peut-être y avait-il un *anathème* contre la personne qui devrait prétendre l'aliéner, gravé dessus - avec le nom de la personne (qui pourrait être *Roger Pouré*) qui était le donateur du livre. Cela fera qu'il n'a été rien d'autre qu'un *Æstal* , tel que (bien que moins précieux) celui qui était attaché à la Pastorale *de Grégoire* . Mais je laisse cela au jugement de chacun." †

Plus tard, on trouve sur la reliure des livres des ornements en or et en argent d'un très beau dessin, renfermant des pierres précieuses d'une grande variété ; des tablettes d'ivoire sculptées insérées dans un cadre de chêne sculpté ; des velours de riches couleurs , bordés de maroquin , avec bossages, agrafes et coins en or massif ; vélin blanc estampillé en or et outillage aveugle ; et des couvertures en maroquin et en veau incrustée de diverses couleurs et ornées de toutes les manières imaginables. C'était à la fin du XIVe et aux XVe et XVIe siècles, lorsque l'amour de l'Art était universel, dans le pays où Michel-Ange, Raphaël et Léonard de Vinci produisirent leurs grandes œuvres et où, sous les auspices du Médicis, l'art de la reliure ainsi que tous les autres arts furent encouragés.

M. Dibdin , dans son Décaméron bibliographique, auquel nous devons beaucoup, a rendu compte de la bibliothèque de Corvinus, roi de Hongrie, décédé à Buda vers l'an 1490. Cette bibliothèque comprenait environ trente mille volumes, principalement des manuscrits des poètes et historiens grecs et latins, et était contenu dans de grandes galeries voûtées, dans lesquelles, entre autres œuvres d'art, se trouvaient deux fontaines, l'une en marbre et l'autre en argent. La reliure des livres était pour la plupart en brocart, protégée par des bossages et des fermoirs d'or et d'argent ; et ceux-là, hélas ! furent la cause ultérieure de la destruction presque totale de la bibliothèque ; car, lorsque la ville de Buda fut prise d'assaut, en 1526, les soldats turcs arrachèrent les précieux volumes de leurs couvertures, à cause des ornements qui les recouvraient.

La généralisation de la reliure en veau et maroquin semble avoir suivi l'invention de l'imprimerie. Il existe de nombreux livres imprimés, encore en bon état de conservation, reliés en veau avec des planches de chêne à la fin du XVe et au début du XVIe siècle. Ceux-ci sont pour la plupart estampillés d'or ou d'outils aveugles. Les plus anciens de ces outils représentent généralement des figures, telles que le Christ, Saint Paul, la Vierge, des armoiries, des légendes et des monogrammes, selon le contenu du livre. Par la suite, des tentatives ont été faites pour produire des images, mais celles-ci étaient nécessairement mauvaises.

En Angleterre, la première reliure ornée remonte à l'époque d'Henri VII, lorsque l'on trouve les armes royales soutenues par deux anges ; l'insigne héraldique de la double rose et de la grenade, la fleur de lys, la herse, les emblèmes des évangélistes et de petits ornements d'animaux grotesques. Il existe au British Museum et au Record Office de nombreuses reliures anglaises qui ont sans doute été exécutées à l'époque d'Henri VII.

Sous le règne d'Henri VIII, vers 1538, l'imprimeur Grafton entreprit d'imprimer la grande Bible. Ne trouvant pas suffisamment d'hommes ou de types en Angleterre, il se rendit à Paris et y commença. Il n'était cependant pas allé bien loin, qu'il fut arrêté dans la progression de ce livre hérétique ; puis il reprit en Angleterre les presses, les caractères, les imprimeurs et les relieurs, et termina le travail en 1539. L'édition comprenait 2 500 exemplaires, dont un était installé dans chaque église d'Angleterre, fixé à un bureau par une chaîne. . En trois ans, il y eut sept éditions distinctes de cet ouvrage ; ce qui, en supposant que chaque édition comporte le même nombre d'exemplaires que la première, s'élèverait à 17,500 volumes in-folio. La reliure donc d'un si grand nombre de ce livre donnerait à elle seule quelque importance à l'art de la reliure de cette époque. Nous savons qu'Henri VIII. avait de nombreux volumes splendides reliés en velours avec des patrons et des ornements d'or. C'est sous son règne que l'estampage des outils en or semble avoir été introduit pour la première fois en Angleterre ; et quelques beaux rouleaux, probablement d'après les dessins de Holbein, étaient utilisés aussi bien sur les côtés que sur les tranches dorées des livres encore existants.

Sous le règne d'Élisabeth, de magnifiques reliures étaient réalisées en broderie. La reine elle-même confectionnait des couvertures de fils d'or et d'argent, de paillettes et de soie colorée , pour des Bibles et autres livres de dévotion qu'elle présentait à ses demoiselles d' honneur et à ses amis. De ces brillantes décorations extérieures, dont beaucoup sont tout à fait inappropriées pour un livre, nous nous tournons vers un goût plus pur, dont l'exercice se trouve résider dans les limites particulières de l'art du relieur.

Nous revenons à la reliure Continental, et passons à l'époque du toujours célèbre Jean Grolier. Ce noble fut le premier à introduire des lettres au dos ; et il semble avoir pris un plaisir particulier à ce que les côtés de ses livres soient ornés de motifs très beaux et élaborés, qui auraient été dessinés de sa propre main. Beaucoup d'entre eux existent aujourd'hui, soit des Groliers originaux , soit des copies. Les livres de sa bibliothèque sont très recherchés . Tous les livres de Grolier étaient reliés en maroquin lisse ou en veau, le motif étant formé de lignes entrecroisées, finies à la main avec un fin filet d'une ligne et des gouges correspondantes, avec l'introduction occasionnelle d'une fleur conventionnelle. Parfois aussi les motifs étaient incrustés de maroquin de différentes couleurs ; et nous estimons qu'aucun style d'ornementation de livres n'a été introduit depuis lors qui soit digne de remplacer entièrement le Grolier, dont un spécimen sera donné lors du traitement du style. De très nombreux volumes du Chevalier portent l'inscription latine « Johanni Grolierii et amicorum " en bas, signifiant que Grolier souhaitait que ses livres soient utilisés aussi bien par ses amis que par lui-même. Les connaisseurs se réjouissent lorsqu'ils rencontrent un ouvrage de la bibliothèque de Maioli , disciple de Grolier, ou ceux de Diane de Poictiers , maîtresse d'Henri II, et dont les livres, par suite de son influence et de son goût, sont élégamment reliés. On suppose que les reliures de Diane de Poictiers ont été dessinées par Petit Bernard. Elles étaient reliées en maroquin de toutes les couleurs . et généralement orné des emblèmes du croissant, de l'arc et du carquois.

Parmi les premiers relieurs français, il faut citer Padeloup , Derome et De Seuil . Le pape célèbre De Seuil dans un de ses poèmes. Les reliures en maroquin uni de Derome sont excellentes ; ils sont cousus sur des bandes en relief, sont fermes et compacts, et la solide dorure sur les bords est digne d'éloges ; ses bordures en dentelle sont belles, mais malheureusement il n'a pas fait attention à l'acier tranchant. Les outils ou ornements de Padeloup sont principalement constitués de petits points et les formes qu'il a inventées sont élégantes. Lorsqu'on les rencontre en bon état, ils ressemblent à des dentelles d'or sur les côtés et le dos des livres.

Les reliures des livres ayant appartenu à De Thou sont très prisées. Il possédait une magnifique bibliothèque, reliée pour la plupart en maroquin lisse aux tons profonds rouge, jaune et vert . De Thou mourut en 1617. Le Chevalier D'Eon reliait les livres dans une sorte de veau étrusque dont les ornements étaient copiés sur les vases étrusques. L'utilisation de teintures noires et rouges a très fréquemment corrodé le cuir.

Nous devons maintenant reprendre notre récit de la liaison en Angleterre.

Au début du siècle dernier, les reliures générales étaient, à l'exception de ce qu'on appelait la reliure de Cambridge (qui était exécutée à cet endroit), d'un caractère déprécié, beaucoup d'entre elles très maladroites et dépourvues de goût dans leur ornement. . Vers le milieu, une certaine attention avait commencé à être accordée à l'amélioration des reliures, les types généraux étant, jusqu'à la fin du XVIIIe siècle, presque tous exécutés selon un seul modèle, à savoir : les côtés marbrés, les dos colorés . marron, avec lettres de maroquin et doré.

Les artistes de la première partie de la période dont nous parlons devaient être nombreux ; mais peu sont connus. Deux relieurs allemands, du nom de Baumgarten et Benedict, jouaient un rôle considérable et étaient largement employés à Londres au début de ce siècle. Les reliures d'Oxford étaient également très bonnes à cette époque. L'identité des personnalités distinguées d'Oxford n'a pas été enregistrée ; mais une personne du nom de Dawson, vivant alors à Cambridge, a la réputation d'être un artiste habile, et peut être considérée comme le relieur de plusieurs des volumes substantiels possédant encore la reliure distinctive dont nous avons parlé plus haut. Baumgarten et Benedict seraient sans aucun doute employés dans tous les styles de reliure de leur époque, mais les principales caractéristiques de leurs efforts sont de bons volumes substantiels en Russie , avec des bords marbrés.

A ceux-ci succédèrent M. John Mackinlay et deux autres relieurs, nommés Kalthœber et Staggemier ; mais c'est peut-être à Mackinlay qu'on peut attribuer la première impulsion donnée aux améliorations apportées aux reliures. Il était l'un des relieurs les plus importants et les plus honorables de Londres de la période dont nous parlons. Plusieurs spécimens de lui, dans les bibliothèques publiques et privées, subsistent pour justifier le caractère attribué à lui ; et parmi les nombreux artistes que son bureau a produits, beaucoup ont depuis prouvé, par leur travail, que les leçons qu'ils ont reçues étaient d'un haut caractère. Les spécimens faisaient allusion à un degré de soin, d'ingéniosité et de compétence qui leur était hautement honorable en tant que relieurs. Bien que bien exécutés, ils n'accordèrent pas le temps et l'attention consacrés, plus tard, à la finition ou à la dorure de leur travail, et ce n'est que lorsque Roger Payne exposa l'ouvrage de l'artisanat qu'une impulsion décisive fut donnée au progrès. de l'art, qui a continué, sous des successeurs habiles, d'une amélioration à l'autre jusqu'à ce qu'il existe beaucoup de doute si nous ne sommes pas maintenant, dans la mesure où l'exécution mécanique en dépend, parvenu à la perfection. Vers 1770, Roger Payne se rendit à Londres et, comme son histoire est une époque dans l'histoire de l'art, nous lui consacrerons une place.

L'histoire personnelle de Roger Payne est l'une des nombreuses capacités d'un homme rendues presque inutiles par la dissolution de ses habitudes . Il est un exemple pour les jeunes, d'un simple talent, sans persévérance ni industrie, ne menant jamais à la distinction, - d'une grande capacité, assombri par l'intempérance et l'indiscrétion qui en résulte, ne faisant que regretter au monde combien de choses ont pu être perdues. aurait été développée si le parcours de l'individu avait été différent et si ses excellences avaient été orientées de manière à produire les meilleurs résultats.

Roger Payne était originaire de Windsor Forest et fut d'abord initié aux rudiments de l'art dont il devint ensuite un professeur si distingué, sous les auspices de M. Pote , libraire au Eton College. De cet endroit, il se rendit à Londres, où il fut d'abord employé par M. Thomas Osborne, le libraire de Holborn, Londres. En désaccord sur certaines questions, il obtint par la suite un emploi auprès de M. Thomas Payne, du King's Mews, St. Martin's, qui se révéla par la suite un ami pour lui. M. Payne l'établit dans les affaires près de Leicester Square, vers 1769-70, et les encouragements qu'il reçut de son patron et de nombreux riches propriétaires de bibliothèques étaient tels qu'on aurait pu s'attendre aux résultats les plus heureux et à une longue carrière de prospérité. . Ses talents d'artiste, en particulier dans le département de finition, étaient de premier ordre et tels que, jusqu'à son époque, n'avaient été développés par aucun autre de ses compatriotes.

Il adopta un style qui lui était propre, alliant un goût classique dans la formation de ses dessins et beaucoup de jugement dans le choix des ornements applicables à la nature de l'œuvre qu'ils devaient embellir. Il en fabriqua lui-même beaucoup en fer, et quelques-uns sont encore conservés comme curiosités et spécimens de l'habileté de l'homme. Il se peut qu'il ait été parfois contraint à cette occupation par manque d'argent pour se les procurer auprès des tailleurs d'outils ; mais cela ne peut pas être considéré comme étant généralement le cas, car, dans la formation des desseins dans lesquels il excellait tant, il est raisonnable de supposer, en arguant de la pratique de quelques autres dans des temps ultérieurs, qu'il l'a trouvé plus facile et plus facile. opportun de fabriquer certaines lignes, courbes, etc. à l'occasion. Quoi qu'il en soit, il réussit à exécuter la reliure d'une manière si supérieure qu'il n'avait pas de rival et qu'il suscitait l'admiration du libraire le plus exigeant de son temps. Il avait le plein emploi auprès des nobles et des riches, et l'estime dans laquelle ses reliures sont encore tenues est une preuve suffisante de la satisfaction qu'il donnait à ses employeurs. Son meilleur travail se trouve dans la bibliothèque d'Earl Spencer.

Sa réputation d'artiste du plus grand mérite fut obscurcie, et finalement presque perdue, par ses habitudes intempérantes. Il préférait boire à la viande. De cette propension, on raconte une anecdote sur un mémorandum d'argent dépensé et conservé par lui-même, qui se lit ainsi :

Pour le bacon .. .. ..   1 demi-penny.

Pour l'alcool .. .. ..   1 shilling.

Il n'est donc pas étonnant, avec de telles habitudes, que les efforts de son patron pour le soigner aient été vains. Au lieu de s'élever au rang auquel son grand talent l'aurait conduit, il tomba par sa conduite dissolue dans les plus basses profondeurs de la misère et de la misère. Dans son misérable atelier, on exécutait les plus beaux exemplaires de reliure ; et ici, sur la même étagère, étaient mélangés de vieilles chaussures et des feuilles précieuses – du pain et du fromage, avec les MSS les plus précieux et les plus coûteux. ou des premiers livres imprimés.

Qu'il était caractéristique ou excentrique peut être jugé par ce qui a été raconté à son sujet. Il semble avoir également été poète au sujet de sa malheureuse propension, comme le prouve l'extrait suivant d'une copie de vers envoyée avec une facture à M. Evans, pour relier "Barry on the Wines of the Ancients".

"Homère le barde, qui chantait avec les accents les plus aigus

Le cadeau de fête, un gobelet pour ses peines ;

Falernien a donné le feu à Horace et Virgile,

Et Barley Wine, ma muse britannique, m'inspire.

Le vin d'orge vient d'abord du rivage savant de l'Égypte ;

magasin de Calvert ."

Le projet de loi suivant est, comme lui, une curiosité :

" Vanérii Praedium Rusticum . Parisiis . MDCCLXXIV.
Reliure de la meilleure manière possible dans le plus beau
maroquin vert. Le dos est doublé de maroquin rouge .

"Papier à dessin fin et joints de maroquin très soignés
à l'intérieur. Il y avait quelques feuilles tachées   } 0 :
au niveau de la tranche avant, qui est lavée et nettoyée...   0 :
       6

"Le sujet du livre étant Rusticum , j'ai
osé y mettre la couronne de vigne. J'espère ne pas l'avoir relié
d'une manière trop riche pour le livre. Cela prend beaucoup de
temps de faire ces couronnes de vigne. Je suppose dans le temps,
je suis certain de mesurer et de travailler les différents petits outils
nécessaires pour remplir la couronne de vigne, ce qui prend très
près de 3 jours de travail pour terminer les deux côtés seulement
du livre - mais je souhaitais faire de mon mieux pour le travail - et
au en même temps, je ne peux pas m'attendre à facturer un prix   0 :
complet et approprié pour le travail, et j'espère que le prix sera non   18
seulement raisonnable, mais bon marché   : 0"

Roger commença ses affaires en partenariat avec son frère Thomas Payne, et
fut par la suite lié de la même manière avec un certain Richard Weir, mais ne
fut pas longtemps d'accord avec l'un ou l'autre, de sorte que la séparation eut
lieu rapidement. Il a ensuite travaillé sous le toit de M. Mackinlay, mais ses
efforts ultérieurs ont montré qu'il avait perdu une grande partie de cette
capacité dont il était si largement doté. Accablé par la pauvreté et la maladie,
il rendit son dernier soupir à Duke's Court, St. Martin's Lane, le 20 novembre
1797. Ses restes furent enterrés dans le cimetière de St. Martin's-in-the-Fields,
au aux dépens de M. Thomas Payne, qui, comme je l'ai dit précédemment,
avait été son premier ami et qui, au cours des huit dernières années de sa vie,
lui avait fourni une assistance pécuniaire régulière tant pour le soutien de son
corps que pour l'exercice de ses fonctions. travail.

Des excellences et des défauts de ses reliures, le Dr Dibdin , dans son «
Décaméron du bibliographe », a ainsi consigné son opinion :

« Le grand mérite de Roger Payne résidait dans son goût, dans le choix de ses ornements, et surtout dans leur travail. Il est impossible de le surpasser dans ces deux points . la couleur était celle de *l'olive* , qu'il appelait *vénitienne* . Dans sa doublure, ses joints et ses ornements intérieurs, notre héros échouait généralement , et parfois mélancoliquement. Il aimait ce qu'il appelait le papier violet, dont la couleur était aussi violente que sa texture était grossière. Il était également susceptible de changer et de devenir tacheté, et en tant que couleur harmonisée avec l'olive, il était odieusement discordant. Les joints de ses livres étaient généralement *disjoints* , inégaux, négligemment usinés et avaient un aspect très inachevé. Ses dos sont vantés pour leur fermeté. Son travail était parfaitement transmis : chaque feuille était cousue de manière équitable et *authentique* au dos, qui était ensuite généralement enduit en Russie ; mais ses volumes mineurs ne s'ouvrirent pas bien en conséquence. Il aimait trop les planches minces, qui, dans les in-folios, produisent un effet inconfortable, par crainte qu'elles ne soient insuffisantes pour supporter le poids de l'enveloppe.

Même si la carrière de Roger Payne n'a pas été couronnée de succès, en ce qui le concerne personnellement, elle a eu pour effet de bénéficier à l'ensemble de la race des relieurs anglais. Un nouvel élan avait été donné au commerce et un style nouveau et châtié avait été introduit parmi les artistes les plus talentueux de la métropole. Les ornements insignifiants auxquels nous avons déjà fait allusion ont été abandonnés et une série de dessins classiques, géométriques et hautement finis a été adoptée. Les contemporains de Roger , Kalthœber , Staggemier , Walther , Hering , Falkner, etc., s'employèrent dans une généreuse rivalité à exécuter les reliures les plus approuvées.

M. Mackenzie mérite d'être mentionné avec respect parmi les relieurs modernes. Charles Lewis, si hautement loué par M. Dibdin , a atteint une grande célébrité et ses reliures sont très prisées. Son style d'ornementation était très soigné, les panneaux des dossiers étant généralement à double onglet et les côtés finis d'une manière correspondante. M. Clarke mérite des éloges particuliers ; pour le veau marbré d'arbres, il est sans égal, bien que M. Rivière ait exécuté quelques beaux spécimens. M. Bedford jouit également d'une réputation considérable ; mais c'est à M. Hayday qu'est désormais généralement attribuée la position de leader parmi les artistes londoniens. Ses reliures en maroquin à l'ancienne sont inimitables. Le Journal de Lady Willoughby a été largement copié, mais pas égalé . Ses Bibles et livres de prières sont bien transmis ; les bords sont solidement dorés avec un or d'une couleur très profonde , tandis que la finition est riche et massive sans être criarde. Un livre de la bibliothèque de JW King Eyton , Esq., relié par Hayday , est ainsi décrit : -

"L'ouvrage est une grande copie papier des "Shérifs du Shropshire" de feu M. Blakeway , en in-folio impérial, avec les armoiries magnifiquement colorées . La reliure est de couleur sang. maroquin , s'étendant d'un pouce et demi tout autour de l'intérieur du couvercle, sur lequel est placée une bordure audacieuse mais ouverte travaillée en or, formant un fin relief au reste de l'intérieur, qui est en violet, élégamment travaillé partout en hexagones se croisant dans le style vénitien. Dans chaque compartiment est placé alternativement le lion rampant et la fleur de lys. Les pages de garde sont en vélin, ornées de deux étroites lignes dorées, et les bords sont repoussés. Le dos est constitué d'hexagones incrustés de pourpre, contenant le lion et la fleur de lys susmentionnés, mais un peu plus petits que ceux de l'intérieur. Le dessin extérieur est un arc de triomphe, occupant tout le côté, très enrichi, avec ses corniches, moulures , etc. exécuté dans de petits travaux ornementaux appropriés ; à ses colonnes (qui sont couronnées de laurier) et à d'autres parties de la structure, sont suspendus les boucliers des shérifs, au nombre de soixante-dix, dont les cantonnements, avec leurs frettes, leurs coudes, etc., sont curieusement incrustés de différentes couleurs. couleurs du maroquin et, avec les parties ornementales des roulements, ont été blasonnés avec une précision héraldique des deux côtés du volume. Lorsque nous affirmons que plus de 57 000 impressions d'outils ont été nécessaires pour produire ce merveilleux exemple d'ingéniosité et d'habileté , on peut se faire une idée du temps et du travail nécessaires à son exécution.

Ce volume a été terminé par Thomas Hussey, qui est maintenant employé à Philadelphie, et qui a en sa possession les motifs exécutés sur les côtés et le dos.

Les Français ont dégénéré dans la reliure à partir de Louis XIV. jusqu'à ce qu'ils deviennent bien inférieurs aux Anglais. Cela a continué jusqu'au début du siècle actuel ; les livres destinés à l' empereur Napoléon, pour lesquels aucune dépense ne semble avoir été épargnée, sont maladroits, décousus, et les outils grossiers et inégalement travaillés. Ils étaient généralement reliés en maroquin rouge , à mors de maroquin , doublés de soie violette, sur laquelle était frappée à plusieurs reprises l'abeille impériale. Thouvenin a l' honneur de sauver l'art de sa longue dégradation en France et de fonder une école dont les disciples sont aujourd'hui reconnus au rang des grands maîtres de l'art. Ses outils et modèles ont été conçus et découpés par des artistes à son service ; son établissement était à grande échelle ; mais à sa mort, il n'a laissé derrière lui que sa réputation d'artiste, pour inciter les autres à atteindre l'excellence dans l'exécution et un goût cultivé pour l'ornement et le design. Parmi les relieurs les plus célèbres de nos jours en France figurent Trautz et Bauzonnet , Niédré , Duru , Capé et Lortic . Les livres de ces artistes se distinguent par la solidité, l'équerrage, la liberté des joints, la fermeté des têtes et du dos et l'extrême finesse de finition. Les tranches avant sont dorées avec le rond à l'intérieur, ce qui leur donne un aspect solide et riche, encore inégalé. Le matériau utilisé est de la meilleure qualité, le maroquin du Levant, doux et riche , étant le revêtement préféré des livres de choix. Ce cuir, entre les mains d'un ouvrier ordinaire, ferait un revêtement encombrant, à cause de sa grande épaisseur ; car il ne peut être rasé par un peaufineur sans détruire le grain naturel du cuir et, avec lui, sa richesse et sa beauté veloutées ; et pourtant, sous les manipulations de ces artistes français, il devient l'un des matériaux les plus plastiques ; de rares volumes des plus petites dimensions, ne contenant qu'une ou deux feuilles, sont recouverts non seulement à l'extérieur, mais à l'intérieur des planches, et même les joints sont en maroquin du Levant . Il existe de nombreux exemplaires de reliure exécutés en France pour les messieurs de goût et les amateurs de l'art de ce pays ; et, en parlant des productions des artistes français, c'est à celles-ci que nous nous référons. En tant que relieur, Lortic semble être le moins connu ; mais il le deviendra probablement davantage . Capé gagne rapidement en popularité . Duru est célébré pour l'excellence de sa transmission. À cet égard, il ne peut être surpassé. Les exemplaires en plein maroquin que nous avons vus étaient généralement reliés *à la Janséniste* et étaient de véritables exemplaires. En matière de dorure extérieure, il n'est pas aussi heureux que certains de ses frères. Niédré possède un goût fin ; ses styles de finition sont variés et gracieux dans leur conception, et leur exécution admirable. La réputation de Trautz et Bauzonnet a été établie principalement par l'associé principal, Bauzonnet , Trautz étant son gendre, et dont le nom a été récemment placé à la tête de la société, peut-être pour devancer d'autres qui se prétendraient héritiers. du savoir-faire et des élèves de l'école de son beau-père. Les reliures Bauzonnet allient l'excellence dans tous les domaines. Ce sont des spécimens de l'art dans son état le plus élevé, étant solides, fermes et carrés dans chaque partie du département d'expédition. Le revêtement, les joints et les revêtements intérieurs sont incomparables. La finition peut sans risque être déclarée parfaite, dans la mesure où tout ce qui est produit par l'action humaine peut l'être. Dans le style de finition, il se borne généralement à des modifications du Grolier, ou à une large bordure composée de beaux outils ; et dans l'outillage l'exécution est irréprochable. Ceux qui sont habitués aux reliures anglaises ont tendance à trouver à redire à la fermeté de ses dos, car ils ne se jettent pas comme les livres anglais lâches ; mais ce sujet des dos lâches est peu compris ; car, quand on sait que ce qu'on considère généralement comme une excellence n'est souvent qu'un indice de faiblesse, que, pour faire jeter le livre et le laisser ouvert à plat, la substance par laquelle les feuilles sont fixées ensemble est une seule bande. de papier, et que, là où la bande sur laquelle le livre est cousu peut être clairement vue à l'ouverture du volume, il y a une tension sur elle, dont le résultat doit être sa rupture, s'il est utilisé constamment (un catastrophe qui n'arrivera jamais à aucun des livres de Bauzonnet ,) — le dos ferme sera préféré. En retraçant les progrès de l'art, et en comparant les mérites des artistes des temps anciens et des temps modernes, c'est aux modernes qu'on attribue la palme de la supériorité, surtout pour la perfection du détail de l'ornementation.

* "L'antiquité des missels enluminés remonte, par conjecture, même à l'époque des apôtres eux-mêmes. Au début de l'ère chrétienne, les lettres missives étaient généralement écrites sur des tablettes de bois, creusées de manière à présenter quelque chose de l'apparence de une ardoise de garçon dans un cadre. Deux d'entre elles étaient placées face à face pour conserver l'écriture, qui était sur de la cire, et une paire de planches ainsi préparées était appelée un Dyptique . Les Épîtres de saint Paul et des autres apôtres aux primitifs les églises étaient, en fait, des lettres missives expédiées à leurs congrégations éloignées ; et il y a toute probabilité que des portraits imaginaires ou réels des écrivains accompagnaient les lettres et dirigeaient le contenu des dyptiques chrétiens , afin de leur assurer le même degré de révérence qui était portée aux missives du gouvernement lorsqu'elles étaient dirigées par les effigies impériales.

"La forme compacte du dyptique convenait admirablement aux besoins d'un retable mobile. Et les noms dyptique ou triptique , qui n'impliquaient au début qu'une double ou triple page, vinrent avec le temps désigner ces retables pliants si fréquemment trouvés dans les premiers temps. Églises chrétiennes. "— Essai de *Lady Calcott* .

† Itin de Leland . vol. ii. p. 86, Oxford, 1769.]

PARTIE I.

TRAVAIL EN FEUILLE.

Comme le rassemblement des feuilles d'un livre, après qu'elles ont été imprimées et séchées, se fait presque toujours chez l'imprimeur, il ne sera pas nécessaire d'entrer dans aucun détail à ce sujet, mais de considérer, comme le début de la reliure , le fonctionnement de

PLIANT,

ce qui est d'une grande importance, la beauté d'un livre dépendant de ce qu'il soit convenablement et correctement plié, de sorte que, lorsqu'on le coupe, la marge des différentes pages puisse être uniforme partout, et ne présenter aucune transposition, au grand inconvénient du lecteur. et la détérioration des travaux.

Les différents formats de livres sont désignés en fonction du nombre de feuilles dans lesquelles la feuille est pliée ; comme in-folio, in-quarto, in-8, 12mo, 16mo, 18mo, 24mo, 32mo, etc. Chaque formulaire présente un certain nombre de pages, disposées de telle sorte que, lorsque la feuille est correctement pliée, elles suivent l'ordre numérique. En commençant le pliage de tout ouvrage, il faut prêter une attention particulière, en ouvrant les cahiers ou ensembles, à observer que les *signatures* se suivent par ordre alphabétique et, s'il s'agit de deux ou plusieurs volumes, que l'ensemble des feuilles appartient à Le bon.

Bien que chaque forme soit pliée d'une manière différente, il ne sera pas nécessaire de détailler l'ensemble, car une description de l'octavo et du douzième fournira amplement une idée de la manière appropriée de plier les formats plus grands et plus petits.

In-8°. — Les feuilles étant posées sur la table avec la signature, qu'on verra au bas de la première page, tournée vers la table au coin le plus proche de la main gauche de l'ouvrier, présenteront les pages 2, 15, 14, 3. , en bas, et en haut, têtes inversées, pages 7, 10, 11, 6, (lecture de gauche à droite.) La feuille est ensuite prise avec la main gauche, par l'angle à droite, et pliée avec le *dossier* à droite, dans le sens des *points* faits à l'impression, en ayant soin, en estompant à la lumière, que les chiffres des pages tombent exactement les uns sur les autres, qui seront 3 sur 2, et 6 sur 7, et présentant ainsi les pages supérieures 4 et 13, et au-dessus 5 et 12. La partie supérieure de la feuille est ensuite abaissée, avec la main gauche, sur la partie inférieure, les pages 5 et 12 tombant sur 4 et 13, orientées correctement, et de nouveau plié. La feuille présente ensuite les pages 8 et 9, qui sont ensuite pliées uniformément, 9 sur 8, formant le troisième pli et finissant la feuille.

Douze mois. — La signature de cette dimension, lorsqu'elle est placée devant l'ouvrier, doit être en haut, à sa main gauche et vers la table, la feuille présentant les pages 2, 7, 11 ; 23, 18, 14 ; 22, 19, 15 ; 3, 6, 10. A droite, les pages 11, 14, 15, 10 sont séparées des autres par un espace plus grand, au milieu duquel se trouvent les points indiquant l'endroit propre où les pages doivent être coupées. Le *dossier* détache cette partie, et, plaçant la page 11 sur 10, fait un pli, et 13 sur 12, qui sera le dessus, termine le pli de ce qu'on appelle l' *encart* , et qui porte la signature de la feuille dont il a été séparé. de, avec l'ajout d'un chiffre ou d'un astérisque, comme A5 ou A*. Les huit pages restantes sont pliées de la même manière que l'in-8, et une fois terminé, l'encart est placé au milieu de celui-ci, en prenant soin que les titres soient correctement disposés.

Les livres sont quelquefois imprimés dans ce qu'on appelle des demi-feuilles, mais ils sont pliés de même, après les avoir découpés ; l'octavo dans le sens des pointes, le douzième dans le sens *oblong* du papier, et en les écartant les uns des autres. Il existe aussi des in-8 oblongs, qui sont pliés au milieu dans le prolongement des pointes, le deuxième pli dans le même sens entre les têtes des pages, et le troisième sur la longueur du papier.

Dans le premier pli de la feuille in-8 est montrée la manière de plier le in-folio, et dans le second l'in-quarto ; le douzemo nous présente également les dix-huit, après que la feuille soit découpée en trois divisions. Peu ou pas de difficulté sera rencontrée pour plier tout autre format, la seule attention à la disposition des pages et aux signatures étant requise.

Il sera souvent nécessaire de replier un livre qui, avant d'être relié, peut avoir été confectionné en planches, cousu ou autrement. Ceci doit dans tous les cas être soigneusement soigné, une fois que le livre a été démonté, le dos débarrassé de la colle et du fil, et les coins ou autres parties qui auraient pu être doublés ont été relevés. Cela se fait généralement en examinant si la marge au niveau de la tête et du bord antérieur est égale partout, en ramenant à leur place celles qui sont trop courtes et en coupant celles qui sont plus longues que la marge générale. Grâce à ces moyens, une uniformité sera présentée après la coupe des bords du livre, ce qui ne pourrait jamais être atteint si l'on n'y prenait pas garde pendant que le livre est dans cet état.

Les feuilles du livre, toutes pliées, sont ensuite disposées le long du bord de la table de rassemblement, dans l'ordre régulier des signatures ; le cueilleur commence alors par la dernière feuille ou signature, prend une feuille du colis, une de la suivante, et ainsi de suite jusqu'à ce que la première feuille ou titre soit placé au-dessus du reste. Les draps sont ensuite tenus sans serrer dans la main et laissés tomber légèrement sur le dos et la tête sur une planche lisse, jusqu'à ce qu'ils se disposent d'une manière égale et uniforme. Ils sont alors

RASSEMBLÉ,

pour veiller à ce que l'ensemble des feuilles appartiennent au même ouvrage et au même volume, et aussi qu'il n'en manque aucune. Cela se fait en prenant le livre de la main droite par le coin supérieur du bord antérieur, et de la main gauche ouvrant les feuilles du dos et en les laissant tomber successivement les unes après les autres. Les signatures seront ainsi vues par ordre alphabétique ou arithmétique, comme A , B , C , etc., ou 1, 2, 3, 4, etc., jusqu'au dernier, qu'il faudra toujours examiner pour s'assurer que c'est l'achèvement du livre. De cette manière, toute feuille mal pliée est également détectée. Les livres in-folio et in-quarto sont généralement rassemblés à l'aide d'une aiguille ou d'un piqueur, en soulevant les feuilles une à une de la table ; mais il faut recourir le moins possible à cette pratique, car l'ouvrage risque d'être endommagé. Si une feuille manque, ou appartient à un autre volume, ou est un double, la poursuite du travail doit être suspendue jusqu'à ce que l'imperfection soit obtenue ou échangée. Celles qui ont été mal pliées doivent être corrigées, et les éventuelles *oblitérations* apparaissant dans l'ouvrage découpées et remplacées par les tirés à part, qui se trouveront généralement dans le dernier feuillet du livre. Il est d'usage aussi chez certains relieurs de placer à cette époque les planches appartenant au volume ; mais comme le risque de dommages est grand lors du *battage* ou du roulage, il sera bien préférable d'effectuer cette opération après que le livre ait été retiré de la pierre, pour laquelle des instructions seront données. Le livre, une fois trouvé correct, sera prêt à être mis au point, qui, bien qu'il ait été presque entièrement remplacé par l'introduction des machines, sera toujours d'une valeur inestimable pour un relieur aux moyens limités ; et l'amateur trouvera que c'est un processus essentiel pour assurer la première grande condition d'une bonne reliure, la solidité.

BATTRE, PRESSER, ETC.

La première opération commence en secouant le volume sur la pierre par le dos et la tête, de manière à rendre le tout égal et à faciliter sa division en autant de parties égales, appelées *sections* ou *battements* , qu'on peut juger nécessaire selon à l'épaisseur et à d'autres circonstances. On prend alors une section et on la bat bien, en la tirant avec la main vers le corps de manière à amener successivement les différentes parties sous le marteau, et en évitant soigneusement de donner plus de coups dans une partie que dans l'autre, sauf à donner un léger supplément aux bords. appuyez sur rond. La section est ensuite retournée, et la même procédure est suivie ; ainsi que de chaque côté après avoir été séparé et la partie inférieure posée sur le dessus, le milieu de la section étant ainsi amené sous l'action du marteau. Ceci fait, les feuilles sont remises dans leur ordre et deux ou trois coups de marteau sont donnés pour les rendre égales. En battant les livres avec lesquels, de par leur valeur, il faut plus de soin, il est d'usage de placer une garde ou une feuille de papier de chaque côté de la section, pour éviter toutes taches ou marques que la pierre ou le marteau pourraient être susceptibles de faire. faire.

Il faut plus d'habileté que de force réelle pour battre, le poids du marteau étant presque suffisant pour de nombreux travaux. Il faut faire attention à ce que le marteau descende parallèlement à la surface de la pierre, pour éviter de marquer ou de couper les tôles avec le bord.

Avant de battre un livre, il faut avoir soin d'observer s'il a été récemment imprimé, car il se déclencherait *s'il* était trop battu. On s'en assurera facilement en se référant à la date au pied du titre, ou en sentant l'encre avec laquelle il a été imprimé, qui, étant composée en partie d'huile, n'aura pas été parfaitement sèche. Ce sera particulièrement le cas des ouvrages imprimés à la machine. Comme cependant il est souvent nécessaire de relier un volume immédiatement après son impression, il faudra prendre toutes les précautions contre sa maculage, qui détruirait la beauté de l'ouvrage. C'est l'habitude de quelques-uns de mettre le livre dans un four après avoir retiré le pain, ou dans un poêle suffisamment chauffé pour sécher l'encre et la faire pénétrer dans le papier ; mais comme ces moyens ne sont pas sans danger de noircir ou de salir le papier, il vaut mieux intercaler les feuilles avec du papier blanc, qui recevra toute l'encre mise en valeur. Si les feuilles ont été pressées à chaud , ce qui se distingue facilement, cette précaution ne sera pas nécessaire.

Lorsqu'il est employé à la pierre à battre, l'ouvrier doit garder ses jambes rapprochées, pour éviter *les hernies* , auxquelles il est très exposé si, dans l'intention d'être plus à l'aise, il prend l'habitude de les écarter.

Une machine à rouler a été inventée pour remplacer le battage nécessaire aux livres avant d'être reliés. Le livre est divisé en parties, selon l'épaisseur du livre ; chaque pièce est ensuite placée entre des boîtes de conserve ou des morceaux de cuir à semelle ; les rouleaux sont ensuite mis en mouvement et la pièce est passée à travers. Ceci est répété jusqu'à ce que le degré de solidité requis soit obtenu. Les grandes objections à la machine à rouler sont la possibilité de provoquer un maculage ou un transfert de l'encre d'imprimerie sur la page opposée , par le frottement produit par le passage entre les rouleaux et l'apparence en forme d'arc qui en résulte. ils donnent le livre, ce qui est pour le transitaire une cause sérieuse de désagrément, et parfois toute son habileté et son soin sont insuffisants pour remédier au mal causé par les rouleaux.

Une puissante presse à gaufrer, techniquement appelée smasher, a été récemment utilisée avec beaucoup d'avantages. Un livre est placé entre des boîtes, le plateau est réglé à la bonne hauteur et les grands volants sont mis en mouvement. Le plateau descend de manière perpendiculaire ; puis, lors de sa montée, au moyen d'une petite poignée, la distance entre les plateaux est diminuée ; les roues continuant à tourner, le livre, lors de la descente du plateau, est comprimé plus fortement qu'au début. L'opération est répétée jusqu'à ce que le livre ait éprouvé toute la puissance de la presse. On a calculé que par ce procédé un seul volume subira, s'il le faut, une pression égale à un poids de cinquante à quatre-vingts tonnes.

Ce procédé présente un avantage sur tous les autres procédés employés jusqu'ici dans lesquels des machines ont été employées ; et il est, à certains égards, préférable au battage, car le livre a la même épaisseur dans toutes ses parties, tandis que dans le battage, il y a une grande probabilité de battre les bords plus minces que le centre ; et l'air semble être aussi complètement expulsé que si le marteau avait été utilisé ; et il ne semble y avoir aucune disposition dans le livre à gonfler à nouveau après avoir subi ce processus d'écrasement.

Dans certaines reliures, on fait appel à une presse hydraulique pour comprimer les feuilles, sans qu'elles subissent le processus de battage ou de laminage. Pour le travail des éditeurs, il s'est avéré qu'il répondait au but pour lequel il est employé, car la presse peut être remplie en plaçant les livres en couches de un à quatre ou huit, selon leur taille, entre des plaques de fer ; et l'immense puissance de la presse est ainsi répartie également sur une grande quantité de feuilles à la fois.

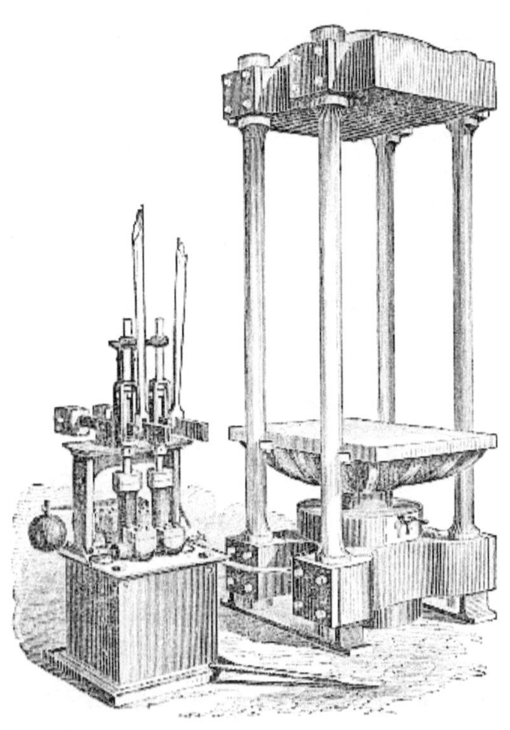

PRESSE HYDRAULIQUE, DE LA MANUFACTURE D'
ISAAC ADAMS & CO., BOSTON.

Le pouvoir de compression provient de la pompe située à gauche de la presse, qui est alimentée en eau par une citerne coulée en dessous. L'eau ainsi envoyée, au moyen du tube qu'on voit passer d'elle au centre du pied de la presse, fait monter le cylindre auquel le lit est fixé et comprimer étroitement les livres ou papiers entre le lit et la tête de la presse. . Lorsqu'on la pousse aussi haut que possible au moyen de la poignée de pompe que l'on voit, une barre plus grande est attachée et actionnée par deux hommes. La puissance extraordinaire de cette presse est si grande qu'elle fait gagner, particulièrement dans le travail commun, plus des trois quarts du temps nécessaire pour amener les livres à une solidité convenable par la presse commune. Lorsqu'on veut retirer les livres, on tourne le petit robinet au bout du tube au pied de la presse, l'eau s'écoule dans la citerne en dessous, et le lit avec les livres glisse doucement devant l'ouvrier. Deux presses sont fréquemment actionnées par la même pompe, une de chaque côté.

La presse hydraulique est fabriquée par presque tous les fabricants de presses, ne différant que par la conception générale, l'application de la puissance étant la même.

Après avoir battu, s'il y a des planches dans l'œuvre, elles doivent maintenant, comme indiqué précédemment, être placées parmi le texte. Il faut prendre grand soin d' uniformiser la justification des planches avec le texte, en supprimant tout superflu en tête ou en dos, et en les plaçant exactement en face des pages auxquelles elles se réfèrent, en collant le bord à côté du dos. Ceux qui pourraient être courts en tête doivent être rabattus, pour conserver une uniformité. Il est conseillé de placer une feuille de *papier de soie* devant chaque planche, surtout lorsqu'elle est nouvellement imprimée, car l'encre des plaques de cuivre sèche plus longtemps que celle de la typographie. Lorsqu'un ouvrage contient un grand nombre de planches, qui sont destinées à être placées à la fin, elles sont cousues sur les bandes par surfilage, opération dont nous parlerons bientôt en détail.

Le livre, étant maintenant prêt à être pressé, est pris en sections, selon le travail et le jugement de l'ouvrier, et placé entre des planches à presser de la taille du volume, l'une sur l'autre, et transporté vers la *presse debout*. qui est tiré aussi fermement que possible par la *goupille de presse* ou le volant, selon la nature de la presse debout ; même s'il faut partir du principe que lorsqu'un livre est passé par le broyeur, aucun pressage supplémentaire ne sera nécessaire jusqu'à ce qu'il atteigne les mains du transitaire.

Une fois que le livre aura été suffisamment pressé, il faudra à nouveau le *rassembler*, pour corriger tout désordre qui aurait pu survenir lors du battage et du pressage. Il est alors prêt à être scié.

SCIER LES DOS.

Cette opération est réalisée afin d'économiser les frais de couture des bandes relevées, et également d'éviter que les bandes sur lesquelles un livre est cousu n'apparaissent au dos. Après avoir bien battu le livre sur le dos et la tête, on le place entre deux *planches à découper*, le dos dépassant un peu du bord épais, et on le visse fermement dans la presse *à poser* ou *à découper*, le tout étant suffisamment élevé pour empêcher le vu endommager les joues de la presse. Ensuite, avec une *scie à locataire*, on réalise le nombre approprié de rainures, en profondeur et en largeur, en fonction du diamètre de la bande destinée à être utilisée, qui dépendra de la taille du livre. Une légère entaille doit également être pratiquée au-dessus de la première et sous la dernière bande, pour y loger la *chaînette* ou *le point bouilloire*. Il est bien nécessaire que la scie soit tenue parallèlement à la presse, sans quoi, les rainures étant plus profondes d'un côté que de l'autre, l'ouvrage présentera, à l'ouverture, un défaut à l'œil.

Les *pages de garde*, qui doivent être constituées de quatre feuilles de papier vierge, pliées selon les dimensions du livre, sont maintenant préparées, et une placée au début et à la fin de chaque volume.

COUTURE.

Selon le nombre de *bandes* désirées, il faudra attacher aux boucles de la traverse de la *presse à coudre* autant de morceaux de cordelette, de longueur et d'épaisseur appropriées, et les fixer à l'aide des *clés* dans la rainure de la presse. étanchéité aussi égale que possible . Ceci fait, le verso de la première feuille du livre est placé contre les cordons, qui doivent être déplacés vers le haut ou à l'inverse des repères de la scie, lorsque les petites vis à chaque extrémité sous la traverse doivent être déplacées. vers le haut jusqu'à ce que les cordes soient également tendues. Tout cela étant disposé, on commence à coudre le livre en plaçant la page de garde, qui n'a aucune marque de scie, sur la feuille préalablement posée, et en la cousant partout, en laissant un petit bout de fil pour former le nœud, après avoir cousu. le premier drap, qui est ensuite pris par le dessous et cousu sur toute la longueur.

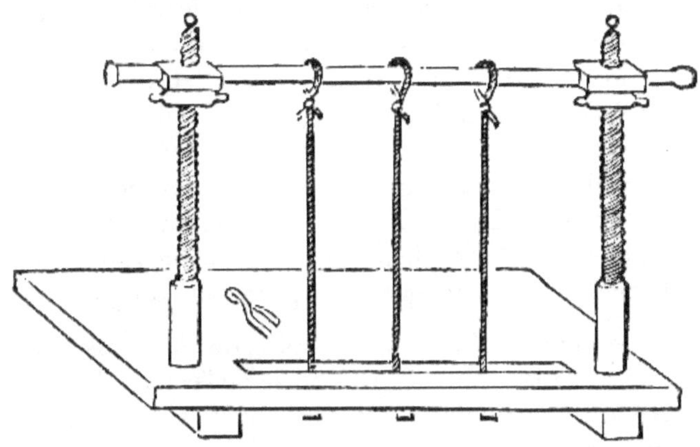

Il existe différentes manières de coudre, selon la taille et l'épaisseur des feuilles d'un livre. Un volume constitué de feuilles épaisses, ou une feuille contenant une planche ou une carte, doit être cousu seul sur toute sa longueur, afin de rendre l'ouvrage plus sûr et plus solide. Il faut également faire très attention à ne pas trop serrer le fil au niveau de la tête ou du pied du livre. Le fil, afin de garder le livre de même épaisseur aux extrémités et au centre , doit être tiré parallèlement au banc, et non vers le bas, comme c'est trop souvent le cas. Du bon gonflement du dos dépend principalement la régularité de l'arrondi et la fermeté du dos dans les étapes ultérieures de la reliure.

Lorsqu'un livre est cousu *sur deux feuilles* , trois bandes sont généralement utilisées. Prenant la feuille et la fixant sur les bandes, l'aiguille est insérée dans le repère fait pour le point bouilloire et fait ressortir la première bande ; une autre feuille est alors placée, et l'aiguille introduite de l'autre côté de la bande, amenant ainsi le fil autour d'elle, est cousue de la même manière à la bande du milieu, et continue jusqu'à la troisième, quand, reprenant la première feuille, elle est cousu de la troisième bande à l'autre point de bouilloire, où il est attaché, et un autre rang de deux feuilles commença, et ainsi continua jusqu'à l'avant-dernière feuille, qui est cousue sur toute la longueur, comme indiqué pour la première feuille, comme aussi la page de garde. Trois bandes sont préférables à deux, le livre étant plus ferme car attaché au milieu, ce qui est la seule différence entre la couture sur deux et trois bandes.

Les demi-feuilles, pour éviter un gonflement trop important du dos, sont habituellement cousues sur quatre bandes, qui en admettent trois par rang : la première feuille est cousue comme en trois bandes, depuis le point chaud jusqu'à la première bande, la à côté du deuxième, et le troisième occupe l'espace du milieu ; puis la deuxième feuille encore de la troisième à la quatrième bande, et la première de là à l'autre point de bouilloire. La troisième feuille n'ayant qu'une seule couture, il faut que, lors du sciage, la distance de la deuxième à la troisième bande soit laissée considérablement plus longue qu'entre les autres. Les quartos sont généralement cousus sur cinq bandes pour rendre l'ouvrage plus ferme, mais s'ils sont en demi-feuilles, comme dans le format folio, on en utilise six ou plus, en cousant autant de feuilles que de bandes, en ne donnant à chaque feuille qu'une seule punaise ou couture, et percer l'aiguille sur toute la longueur à chaque extrémité ou faire un point chaud avant de fixer le fil. Ceci, qui donne une fermeté suffisante, est nécessaire pour éviter le gonflement du dos que provoquerait un nombre moindre de feuilles dans une rangée et qui gâcherait l'apparence de la reliure.

Lorsque le livre est composé de feuillets isolés, de planches ou de cartes, ou, comme dans le cas de la musique, où, à cause de l'état de décomposition du dos, il est nécessaire d'en couper une partie avec la charrue, de la manière indiquée pour tranchants, le tout doit être fixé aux bandes par ce qu'on appelle le surfilage ou le surfilage . C'est en prenant une section, selon l'épaisseur du papier, et en forçant l'aiguille à travers tout le point au point chaud, et de chaque côté de toutes les bandes, à une distance suffisante pour empêcher les points de se déchirer, en amenant le enfilez autour de chaque bande, comme indiqué précédemment, et fixez-la à l'extrémité avant de passer à un autre rang. Pour conserver l'uniformité de l'ensemble des feuilles, le dos est parfois collé immédiatement après la découpe et, une fois sec, divisé en sections. Les atlas et les livres d'estampes, une fois pliés au milieu, nécessiteront qu'on y colle une garde, ou un morceau de papier, de manière à leur permettre de s'ouvrir à plat, ce qu'ils ne pourraient pas faire s'ils étaient attachés au dos, et qui détruirait la gravure. Ces protections doivent être en papier solide d'environ un pouce de largeur et pliées à la bonne taille. Ils sont cousus par surfilage, comme indiqué ci-dessus.

Une meilleure méthode pour les livres d'assiettes ou de feuilles simples consiste, après avoir coupé le dos uniformément avec la charrue, à le poser entre les planches et à coller le dos uniformément avec de la colle fine. Une fois qu'il est devenu sec et dur, séparez-le en fines sections ; puis qu'on le scie de la manière habituelle ; il doit ensuite être pris et fouetté, ou recouvert en sections séparées avec du fil fin, en prenant soin, en fouettant les sections, de ce qu'il soit fait uniformément et proprement. Une fois que les sections sont toutes fouettées, elles doivent être cousues ou apposées sur les bandes de la même manière que les feuilles pliées.

L'ancien mode de couture sur bandes relevées cumule de nombreux avantages. Ce style est encore adopté pour de nombreuses œuvres, notamment celles ayant une petite marge ; en fait, il est, tant pour l'élasticité que pour la durabilité, de loin supérieur à tout mode pratiqué ; il s'agit cependant d'un processus très lent et nécessairement coûteux ; et beaucoup de relieurs qui prétendent relier de cette manière, pour éviter cela, font coudre leurs livres de la manière ordinaire, et ensuite, en collant de fausses bandes au dos, leur donnent l'air d'avoir été cousus sur des bandes en relief. Si l'on veut coudre un livre purement souple, il devra être plié de façon régulière et d'équerre, placé entre deux morceaux de carton et placé dans une presse à poser ; puis tracez une ligne sur le dos, près de la tête, là où elle sera coupée par le transitaire en coupant les bords. Prenez ensuite un compas et divisez le dos dans le sens de la longueur en six parties égales, sauf le bas ou la queue, qui doit être plus longue que le reste, afin de conserver une bonne symétrie d'apparence ; puis tracez des lignes carrées sur le dos avec un crayon de mine noir à partir des points cardinaux des cinq divisions intérieures, pour les endroits sur lesquels les bandes doivent être cousues ; puis faites une légère égratignure avec une scie à environ un quart de pouce à l'intérieur de l'endroit où le livre sera coupé, pour le point de bouilloire en tête et de même en queue. En sortant le livre de la presse à poser, prenez les cartons et sciez-les aux points marqués au crayon de plomb d'une profondeur suffisante pour permettre l'entrée des cordons sur lesquels le livre doit être cousu. Les planches serviront alors de guide pour régler les bandes de la presse à coudre au commencement de l'opération, et ensuite, pendant l'avancement du travail, elles seront utiles pour régler les déviations qui pourraient se produire par inadvertance. Après que la presse à coudre soit convenablement réglée et que le papier de garde soit cousu comme décrit précédemment, les feuilles doivent alors être prises, une à la fois, dans leur ordre régulier, et cousues tout le long, d'une extrémité à l'autre de la feuille. ou, plus exactement, d'un point de bouilloire à l'autre, en prenant particulièrement soin d'observer qu'en cousant chaque feuille, après que le premier point de bouilloire a été attrapé, l'aiguille doit être passée du côté le plus éloigné de la bande la plus proche, puis passé de l'autre côté de la bande, et ainsi de suite pour chaque bande successive. De cette manière, le fil aura passé complètement autour de chaque bande, sur laquelle la feuille tournera comme sur une charnière, sans la moindre contrainte ni sur la bande ni sur le fil. La marge intérieure est ainsi conservée dans toute sa dimension, et la liberté du volume beaucoup accrue.

Si vous désirez profiter pleinement d'un dos flexible, faites-le coudre avec de la soie sur des bandes ou des cordons de soie, et vous obtiendrez une combinaison d'élasticité et de résistance qui ne peut être surpassée.

Pour les grands volumes de gravures, le meilleur mode de reliure, afin d'assurer la solidité et aussi de permettre aux planches de reposer à plat lorsque le volume est ouvert, est de monter les planches avec du linge sur des gardes. Pour bien faire, choisissez du papier de la même épaisseur que les plaques, coupez-le en bandes d'un pouce ou d'un pouce et demi de largeur, collez le bord arrière de la plaque sur environ un quart de pouce de profondeur, du haut en bas ; Ensuite, posez une bande de toile fine ou de papier-mousseline le long du bord collé de l'assiette et frottez-la pour qu'elle adhère. Les bandes de lin doivent être suffisamment larges pour dépasser de la plaque jusqu'à la largeur des protège-papiers. L'un de ces derniers doit ensuite être uniformément collé et posé sur la bande de toile en saillie, soigneusement lissé et étendu entre des cartons pour sécher après qu'ils soient ainsi montés. Les plaques sont ensuite fouettées le long du bord arrière de la garde et cousues de la manière habituelle.

Il a été proposé par *M. Lesne*, relieur de *Paris*, dans un Mémoire présenté par lui à la *Société d'Encouragement*, le 18 janvier 1818, que pour donner aux livres les trois qualités essentielles de reliure, d'élasticité, de solidité, et d'élégance, ils doivent être cousus de la même manière que la méthode hollandaise, qui consiste à utiliser des bouts de parchemin plutôt que du fil de paquet ; mais pour remédier à l'inconvénient résultant du fait qu'un glissement était insuffisant pour donner au dos une solidité convenable, en plus d'être susceptible de se briser, et, s'il était doublé ou triplé, présentant un mauvais effet sur le dos lorsqu'il était couvert, il suggéra l'adoption de de la soie pour les bandes, qui, dans un diamètre beaucoup plus petit, est bien plus résistante qu'un fil de paquet double de l'épaisseur. Il est également préférable, pour les draps qui nécessitent de coudre sur toute la longueur, d'utiliser de la soie, celle-ci étant beaucoup plus résistante que le fil, et assurant une plus grande solidité à l'ouvrage. On observera que les coups de scie, apparents dans d'autres reliures, ne se voient pas à l'ouverture du volume. Lorsque le volume est entièrement cousu, les vis sont desserrées, les cordons détachés des touches et environ deux pouces de cordon laissés de chaque côté du livre pour attacher les planches qui doivent former les côtés.

DOS EN CAOUTCHOUC INDE.

Dans les cas où les feuilles d'un livre sont maintenues ensemble par du ciment au lieu de être cousues, les feuilles sont découpées en feuilles séparées, et chaque feuille est rendue vraie et carrée sur les bords. Le bord arrière est ensuite amené à une forme arrondie, en laissant les feuilles se disposer dans un évidement ou moule rainuré ; et dans cet état, les feuilles sont toutes humidifiées sur les bords postérieurs avec un ciment de caoutchouc liquide ou de caoutchouc indien. La quantité ainsi appliquée est très faible. Au bout de quelques heures, il est suffisamment sec pour recevoir une nouvelle couche d'une solution de caoutchouc un peu plus résistante. En quarante-huit heures, quatre applications du caoutchouc peuvent être faites et séchées. Le dos et la partie adjacente des côtés sont ensuite recouverts de la bande ou filet de tissu habituel collé avec du caoutchouc ; après quoi le livre est prêt à être fixé sur les planches et à être recouvert de cuir ou de parchemin, selon le choix.

DEUXIEME PARTIE.

EXPÉDITEUR.

Cette branche de la technique peut être divisée en plusieurs parties. Nous donnerons la priorité à la branche ou à la classe d'expédition qui exige la plus grande précision et ouvre au transitaire ambitieux un champ d'effort digne de ses meilleurs efforts. Que l'ouvrier qui s'efforce d'exceller dans son art se souvienne que son œuvre passe entre les mains des critiques et des juges ; qu'on peut peut-être la comparer aux productions des artistes les plus célèbres. Qu'il ait donc bonne mine de ses lauriers s'il est engagé dans un travail de premier ordre ou

TRAVAIL CLIENT.

Le livre étant sorti de la presse à coudre, les pages de garde et la première feuille sont ensuite retournées. Une bande de papier est placée à environ un huitième de pouce de l'arrière, afin d'éviter que la pâte ne s'étale inégalement, et la pâte est ensuite appliquée avec le doigt le long du bord de la feuille. La feuille est retournée et le même processus est répété sur les premier et deuxième feuillets des pages de garde, si le livre doit être doublé de papier chamois ou brun. Une fois que les papiers ont été coupés à la taille appropriée et pliés uniformément, ils sont collés le long du bord plié de la même manière que les pages de garde. La première feuille de la page de garde est ensuite retournée et le papier de doublure est étendu jusqu'au bord arrière du livre. Si cela est fait avec négligence, ou si cela n'est pas entièrement droit et carré d'un bout à l'autre, l'apparence future du livre sera considérablement gâchée. Comme la beauté du joint dépend en grande partie de la manière dont le revêtement a été réalisé, si l'on souhaite tapisser avec du papier marbré, après avoir retourné la feuille d'extrémité, placez le revêtement le plus près possible du bord arrière. , de manière à exposer à l'action du pinceau presque toute la feuille de garde qui repose sur le livre. Collez-le légèrement dessus ; puis placez la doublure dessus et frottez-la uniformément et doucement avec la main. Dans les deux cas, il convient de le laisser sécher avant de replier le papier de garde, car il risque de forcer le papier de doublure par l'arrière. Une meilleure méthode consiste à coller le papier marbré sur la page de garde blanche avant de l'insérer dans le livre. Les papiers peuvent ensuite être légèrement pressés pour les rendre parfaitement lisses et suspendus sur des lignes pour sécher. Grâce à ce procédé, il n'y a aucune crainte que le livre soit froissé par l' humidité du papier de doublure. Il convient de veiller à n'utiliser que des papiers qui se marient bien avec la couleur du cuir destiné à la couverture.

Si un joint de veau ou de maroquin est nécessaire, il suffira au transporteur d'incliner très légèrement le bord arrière de la doublure qui va à côté du livre, simplement de le fixer jusqu'au finisseur, et de le placer une ou deux gardes de papier fort le long du joint, qui seront ensuite arrachées par le finisseur.

Ces éléments étant réglés, la page de garde est retournée à sa place et la ficelle sur laquelle le livre a été cousu a été tendue, en prenant soin d'éviter de presser la ficelle contre les pages de garde, en raison de leur risque de déchirure. à proximité des bandes, les bandes qui sont destinées à être lacées dans les planches doivent être ouvertes, ou les brins séparés avec un passe-fils et grattés avec un couteau émoussé de manière à les amener en pointe et à faciliter leur passage à travers les planches. qui doivent former les couvercles latéraux.

Le livre est maintenant pris entre les mains et bien battu au dos et à la tête sur une planche lisse, ou sur la presse à poser, pour amener les feuilles de niveau et d'équerre, comme la beauté du livre, dans toutes les opérations ultérieures. dépend beaucoup du soin et de l'attention apportés à cet endroit. Le volume est ensuite posé soigneusement sur une planche, le dos contre le bord de la planche, une bande de carton est posée sur la face supérieure, le livre placé dans la presse à poser et le dos uniformément collé. La colle doit être bien frottée entre les feuilles, en prenant soin que les feuilles soient égales au dos et que le volume soit égal en épaisseur sur toute la longueur. Elle est ensuite posée sur une planche pour sécher, mais ne doit pas être placée devant le feu car, ce faisant, la colle devient dure et risque de se fissurer au cours du processus.

ARRONDI.

En commençant cette opération, le livre est placé sur la presse de pose avec le bord antérieur vers l'ouvrier ; la main gauche doit alors être posée à plat et ouverte dessus, le pouce vers l'avant-bord. Avec les quatre doigts le volume est légèrement courbé et la partie supérieure du dos tirée vers l'ouvrier. La main droite est ensuite engagée avec un marteau en tapotant légèrement les feuilles avec un mouvement ascendant à partir du centre du dos. Le volume est alors retourné de l'autre côté, et l'opération est répétée jusqu'à ce qu'il soit évident que le livre a acquis un tour suffisant. La main gauche est maintenue vers l'arrière tandis que la ronde est pressée contre le bord avant avec les doigts de la droite. Le volume est alors retenu et le dos soigneusement examiné pour s'assurer si le rond est parfaitement régulier, et, dans le cas contraire, il faut le soumettre de nouveau à de légers coups de marteau jusqu'à ce que le dos décrive une portion de cercle parfait. Il faut avoir soin que le rond ne soit pas trop plat pour l'épaisseur du volume, ou, au contraire, qu'il ne devienne pas ce qu'on appelle un pig- back, horrible monstruosité de la reliure, ayant une arête vive en son sein. le centre du dos. Si la ronde n'est pas régulière et même du centre aux bords, ainsi que de la tête à la queue, et entièrement exempte de torsion, aucune habileté ou soin ne pourra vaincre le mal, mais il restera toujours à prouver le manque de torsion . soins ou l'incapacité de l'ouvrier. Le processus suivant, tout aussi important, est celui de

SUPPORT,

ce qui est fait pour former la rainure pour la réception des planches. L'une des planches de fond est placée sur le volume à égale distance du fond, la distance dépendant de l'épaisseur de la planche ; puis, en tournant le volume, l'autre est placé de la même manière ; les planches sont alors fermement saisies par la main gauche en travers du dos, et, avec l'aide de la main droite, le tout soigneusement mis dans la presse à poser, le bord des planches le plus proche du dos du volume même avec les joues de la presse, et vissé avec la goupille de presse aussi serrée que possible. Le marteau-support est ensuite pris dans la main droite et utilisé pour retourner les feuilles du centre sur les planches de support, pour former la rainure nécessaire. A cet effet, les premiers coups doivent commencer près du centre du volume et être aussi légers que possible, les coups se dirigeant vers le bord, de manière à commencer simplement le retournement des feuilles, sans provoquer d'indentations ni de plis à l'intérieur. du volume. Cela doit être procédé dans le sens de la longueur du volume, chaque série de coups se rapprochant progressivement du bord ou du support et, à mesure qu'ils s'approchent, devenant plus fermes , jusqu'à ce que les feuilles soient retournées sur le support, de manière à former un sillon régulier et solide. Le processus est répété de l'autre côté, le volume examiné pour voir si le dos est régulier et égal dans son cercle partout, et les légères irrégularités sont corrigées par de légers coups de marteau battant ; mais rien ne peut justifier qu'un ouvrier frappe un coup violent près du centre du dos, car cela doit inévitablement écraser et froisser le papier à l'intérieur. Cela ne sert qu'à prouver son ignorance du principe sur lequel repose toute l'opération. Il n'y a rien en rapport avec l'expédition d'un livre qui demande plus d'attention, de patience et d'habileté que l'arrondi et le support, et il n'y a rien qui contribue davantage à l'apparence générale du volume. Bien fait, il donne un caractère et un ton à toutes les opérations ultérieures ; si c'est mal fait, aucun soin ou habileté qui pourra être employé par la suite ne pourra le cacher. Cela reste une marque durable d'un ouvrier négligent ou inefficace. Le volume est maintenant prêt pour les planches préalablement préparées. Cela se fait en découpant les feuilles de planches fraisées selon la taille du livre, avec la table ou la cisaille à brevets. Un côté du carton est ensuite recouvert de papier dont le rétrécissement fera courber le carton vers lui. Si le volume est important ou si un panneau épais est requis, il sera nécessaire de coller deux ou plusieurs épaisseurs de panneau ensemble. Placez-les dans la presse debout, sous pression, jusqu'à ce qu'ils soient secs ; puis retirez-les et alignez-les sur le côté de la planche collée, ou, si une planche est plus fine que l'autre, sur la planche mince, de la même manière que la planche simple. Les planches fabriquées de cette manière doivent toujours être préparées un certain temps avant d'être utilisées. Les planches étant prêtes, le volume est pris et une pointe du compas placée au centre du dos, et l'autre pointe étendue vers l'avant-bord jusqu'à atteindre le bord du plus petit boulon. Cela donnera la taille appropriée pour couper les planches, car la rainure ou le joint donnera la saillie ou le carré de la planche. Si le volume est rare et précieux, que l'ouvrier soit miséricordieux dans l'usage de son acier, car la coupe d'ouvriers ignorants a diminué la valeur de nombreux ouvrages de choix. Si l'on veut que les feuilles restent intactes, avant d'arrondir le volume, prenez un grand couteau de boucher et coupez soigneusement les extrémités extrêmes des feuilles saillantes. Une fois la taille obtenue, l'opération suivante est

ÉQUÉRER LES PLANCHES.

Cela se fait en coupant le bord arrière des planches avec une charrue dans la presse à poser ; les planches sont ensuite marquées au compas depuis le bord équarri vers l'avant ; la planche à découper avant est placée au niveau des trous du compas, et de nouveau mise sous presse, avec la planche à découper avant ou glissière au niveau de la joue de la presse, la planche arrière étant un peu plus haute, de manière à permettre à la charrue -un couteau pour couper dessus. La partie brute est coupée à la charrue comme décrit ci-après, avec cette différence : qu'en coupant les cartons, l'ouvrier coupe vers lui. Les planches sont ensuite retirées de la presse, et l'équerre est appliquée sur la tête et marquée avec la pointe d'un passe-partout ; ceci est coupé de la même manière. Le volume est alors ouvert et examiné dans le but d'y trouver une feuille d'une longueur moyenne, que l'on mesure en plaçant le pouce de la main gauche contre le bord de la tête et en appliquant contre lui une des pointes du compas, portant la d'autres jusqu'à l'extrémité de la feuille pour permettre le carré des planches à la queue ; et si le volume est grand pour une portion du carré en tête, la portion superflue est alors retranchée à la charrue. En prenant les dimensions, que l'ouvrier reconnaisse comme règle que chaque livre doit être coupé aussi grand que possible, de peur qu'il ne soit soupçonné d'avoir l'œil plus tourné vers le rasoir que vers sa réputation de relieur. Parmi les premiers relieurs, De Rome se distingue par son recadrage impitoyable. Mais peu de volumes ont conservé l'intégrité de leurs marges après avoir été soumis au cruel fonctionnement de son acier. On dit qu'un volume coupé à l'impression saigne ; veillez donc à éviter la moindre démarche vers la commission d'un tel acte de Vandalisme. Les planches ayant été équarries pour le dos, le devant, la tête et la queue, elles sont placées, le côté ligné de la planche à côté du livre, en préparation au livre.

LACAGE.

Chaque planche est ensuite marquée d'un passe-passe à l'opposé des slips destinés à y être lacés ; on fait alors un trou en position verticale à travers la planche, et, étant tourné, un autre de la même manière, à proximité du premier. Les bandes, ayant été collées et passées par-dessus, sont renvoyées par l'autre trou, et, étant bien tendues, les planches seront nécessairement perpendiculaires au dos, et confinées dans la rainure. Après avoir coupé l'extrémité des ficelles à proximité des trous de lacet, il faut les enfoncer bien et uniformément dans la planche en plaçant la partie inférieure sur un fer (appelé *fer à défoncer*) fixé à l'extrémité de la presse à poser. , et en battant dessus avec le marteau-piqueur.

S'il est désirable que les bandes ne soient pas visibles à l'intérieur, le trou peut être fait si vertical qu'en plaçant le passe-passe dans celui-ci de l'autre côté, on puisse en faire un autre bordant dans le sens contraire au premier, et la bande, étant passé dans ce trou continu, ne sera pas vu en dessous. Cependant, la responsabilité de son arrachement est une objection, et c'est pour cette raison que la voie commune, en l'abattant avec soin, est préférable.

Après que les lamelles ont été bien battues, il faut examiner la rondeur du dos et corriger toute torsion perceptible avec le marteau-piqueur. Il faut ensuite insérer un morceau de tôle lisse, plus grand que le volume, entre chaque planche et le livre, avec un bord de la tôle plein jusqu'au joint. Le volume est ensuite placé entre les planches à presser, au niveau du joint, et placé dans la presse debout, qui doit être vissée fermement et uniformément. La presse debout en fer à double vis de Stewart est bien adaptée à cet usage et est d'un usage très général. Après avoir vissé la presse, le dos du volume est ensuite humidifié avec une pâte fine et, selon la fermeté de la couture et du livre, râpé et gratté, et enfin frotté avec des copeaux de papier, et laissé sécher dans la presse le plus longtemps possible. S'il s'agit d'un volume important, il est habituel d'appliquer un peu de colle au dos. A la sortie de la presse, les planches doivent être dégagées des pages de garde, où elles adhèrent , afin qu'elles puissent bouger librement de haut en bas lors de la découpe.

COUPER LES BORDS.

La manière de préparer le volume pour la coupe est très importante, car un écart à angle droit lors de la coupe de la tête et de la queue présentera une apparence désagréable. Toutes les précautions doivent être prises pour garantir que le volume soit parfaitement coupé d'équerre. La planche avant est tirée vers le bas de la tête juste assez pour que le couteau puisse opérer lors de la coupe. Un morceau de trindle est inséré entre le volume et le panneau arrière pour que la pointe du couteau puisse couper. Le volume est ensuite posé, dos à l'ouvrier, sur une planche à découper dans la main gauche ; on fixe ensuite la *glissière* ou planche à bords lisses de l'autre côté, avec la main droite, à égalité et d'équerre avec le bord de la planche à moulin, et le tout, serré avec la main gauche, est mis dans la presse à découper , au niveau de la joue droite de celle-ci, en prenant soin que le volume pende perpendiculairement aux joues de la presse. Après avoir été vissé avec la goupille, l'ouvrier prend alors la charrue avec la main droite, par la tête de la vis, et, en la plaçant sur la rainure de la presse, procède à la coupe du livre en tenant fermement l'autre extrémité de la vis. avec la main gauche, et en faisant avancer le couteau graduellement à travers le livre en tournant doucement la vis pendant qu'il coupe, ce qui devrait être dans un seul sens, c'est- à-dire lorsque les bras sont retirés du corps. La charrue doit être maintenue fermement dans la rainure ou les guides de la presse, pour éviter que le couteau ne saute ou ne coupe les bords de manière inégale ; et, si le couteau s'avère monter ou descendre, il faut remédier au défaut en enlevant une partie du papier ou des planches placées sous le couteau, là où il est fixé à la charrue. S'il n'est pas nécessaire d'amener le couteau même avec la charrue, il faudra alors en placer une pièce du côté du *boulon* que le défaut peut exiger. La tête étant coupée, la même opération est répétée pour la queue.

Il faut beaucoup de précautions pour couper l'avant-bord. Marquer le livre avec un passe-passe sur la partie saillante des gardes, et de chaque côté, en tête et en pied, près du côté carré des plats, en traçant une ligne de l'un à l'autre ; puis, en posant les planches ouvertes, insérez un trindle à chaque extrémité du volume, sous le dos, de manière à rejeter le rond ; puis enroulez plusieurs fois un morceau de corde fine autour de la tête jusqu'à la queue, pour empêcher les feuilles de revenir après que le dos soit aplati, pour former la gouttière sur le bord avant. Ceci fait, battez le dos à plat sur la presse, et placez une des planches à découper à la fin du livre, au même niveau que la ligne préalablement faite ; tournez-le et placez le coureur autant en dessous de la ligne du côté du titre que cela a été autorisé pour le carré sur le bord avant. Prenant le tout dans la main gauche, il faut examiner le volume pour remédier aux défauts éventuels, s'il n'est pas régulier et égal des deux côtés, puis mettre à la presse, le coureur comme auparavant même avec la joue droite, en ayant soin de garder l'autre planche dépasse au-dessus de la gauche, égale au carré permis devant, de sorte que, une fois coupé, le bord avant puisse être également d'équerre avec les planches de chaque côté. Une fois le bord avant coupé, la corde est retirée, le dos reprend sa forme circulaire et le bord présente par conséquent un aspect rainuré, qui laisse perplexe le non-initié quant à la manière dont il est produit. La méthode décrite ci-dessus est appelée « découpe en planches » et est supérieure à toute autre.

Il est de la plus haute importance pour le jeune ouvrier de suivre et d'acquérir une méthode méthodique dans toutes ses opérations. Choisissez bien sûr la meilleure méthode et respectez-la. Ne le faites pas d'une manière différente chaque fois que vous effectuez un processus particulier. Par exemple : en soutenant ou en retournant vos livres, il vaut mieux avoir toujours la tête vers soi ; en coupant la tête et la queue, pour avoir le dos le plus proche de vous. Lorsque vous déposez votre travail, faites-le toujours d'une seule manière. Que cette voie soit celle par laquelle vous pourrez le reprendre le plus facilement. Beaucoup de temps peut être perdu à cause de l'inattention portée à ces détails, à cause de manipulations inutiles et de méthodes de travail confuses. On constatera que les ouvriers les meilleurs et les plus rapides sont ceux qui accomplissent leur travail d'une manière systématique. En prenant congé de ce département, notre dernier avertissement au jeune ouvrier est de S'EFFORCER D' EXCELLER . Ne vous contentez pas si votre travail passe simplement et dites-vous : « Oh, c'est assez bien ! S'il vous est possible de faire mieux, ce n'est pas suffisant. Utilisez vos facultés de raisonnement ainsi que vos forces physiques, afin de ne pas sombrer dans une simple machine. Lorsque vous effectuez un processus, posez-vous la question : « Pourquoi cela est-il fait ? Quel en est l'objet ? Le processus peut-il être amélioré ? » Vous constaterez que la main est un instrument approprié de l'esprit et de la volonté, et que vous serez rapidement reconnu comme un ouvrier intelligent. Ayez au moins autant d'ambition.

Le prochain processus que doit subir le volume est la dorure ou la coloration du

LES BORDS.

La coloration des bords d'une seule couleur , parsemée également de marbrures et de dorures, relève de cette rubrique ; et le style d'ornement de cette description doit dépendre du prix autorisé pour le travail et variera selon le goût de l'ouvrier et le souhait de l'employeur.

DE COLORATION ET D'ASPERSION.

Les couleurs les plus utilisées sont le brun et le rouge, pour la préparation desquelles il faut les broyer dans de l'eau très fine, sur une plaque, avec une muller. Chaque couleur est ensuite placée dans un vase séparé et mélangée avec un peu de pâte et d'eau jusqu'à obtenir la consistance appropriée à l'utilisation. Pour obtenir un meilleur tranchant, deux gouttes d'huile et une quantité à peu près égale de vinaigre et d'eau peuvent être mélangées à la pâte.

En coloriant les bords également, les planches en tête du volume doivent être battues à égalité avec les bords, et le livre repose sur le bord de la presse ou de la table ; puis, en tenant fermement le livre de la main gauche, il faut appliquer les couleurs avec une petite éponge ou un pinceau, en le passant uniformément sur le bord, en procédant vers le fond d'un côté et vers la gouttière de l'autre, pour éviter qu'une masse de couleur ne se loge. dans l'angle du bord antérieur. Ceci fait, les autres parties sont de couleur similaire , le bord avant étant ouvert depuis les planches et un curseur maintenu fermement au-dessus pour empêcher la couleur de pénétrer dans le livre. On s'apercevra qu'une douzaine de volumes peuvent être réalisés en même temps avec à peine plus que la difficulté supplémentaire de les placer les uns au-dessus des autres. Pour plus de sécurité, et pour éviter que la couleur ne pénètre dans les livres, il est conseillé de les mettre dans la presse de pose et de les visser moyennement serrés. En fait, pour tout bon travail, cela doit être fait.

En saupoudrage, il est d'usage de lier ensemble un certain nombre de volumes avec une planche de chaque côté des livres extérieurs, ou de les placer d'abord dans la presse à poser, la tête en haut ; puis, avec un gros pinceau, semblable à celui d'un peintre, trempé dans la couleur que l'on désire, et bien battu avec la punaise sur le pot jusqu'à ce que le mélange devienne fin, les bords sont recouverts. L'épingle et le pinceau sont tenus suffisamment au-dessus du livre, et le bord saupoudré en frappant d'abord légèrement, et plus fort à mesure que le pinceau devient moins chargé de couleur , en ayant soin que les taches soient les plus fines possibles, le saupoudrage étant ainsi rendu plus beau. .

La méthode la plus propre, et en même temps la plus sûre pour produire une fine pulvérisation, consiste à utiliser un tamis métallique et une brosse dure, quelque chose comme une brosse à chaussures, pour plus de commodité. Le tamis doit être de forme ovale, avec un fil très épais courant autour du bord jusqu'à ce qu'ils se rejoignent, puis dépassant d'environ un pied du tamis de manière à former un manche, le tout ressemblant quelque peu par la forme à la batte utilisée par les joueurs de balle. Le fil de laiton fin est le meilleur pour le tamis. Les fils doivent être espacés d'environ un quart de pouce. Lorsque tout est prêt, trempez le pinceau dur dans la couleur et posez le tamis sur la poêle, et frottez le pinceau dessus pour éliminer la couleur superflue qui tombera dans la poêle ; puis enlevez toute la couleur lâche adhérant au tamis ; puis tenez le tamis sur les livres et frottez le pinceau sur les fils, légèrement d'abord, puis plus fort à mesure que le pinceau perd sa couleur . La couleur descendra comme une fine brume, et l'effet produit sur le bord ne pourra être égalé par l'ancienne méthode. Plusieurs couleurs sont parfois utilisées avec un effet très agréable ; certaines de ces combinaisons seront décrites, et bien d'autres viendront facilement à l'esprit de l'ouvrier, selon son goût.

COULEURS.

colorants végétaux et des ocres, modes de mélange qui ont été donnés plus haut, il suffira de préciser les substances les plus agréées et généralement utilisées. Les liquides nécessiteront une description plus longue.

BLEU. — Indigo et bleu de Prusse, avec du merlan pour les tons plus clairs.

JAUNE. — Rose hollandais, jaune royal et orpine jaune.

BRUN. — Ombre, brûlée sur le feu.

ROUGE. -Vermillon; ou l'ocre d'Oxford, brûlée dans une poêle.

ROSE. - Rose; pour le rendre plus lumineux, ajoutez du lac.

VERT. — Le premier et le deuxième mélangés à n'importe quelle teinte.

couleurs liquides ou spiritueuses seront les plus adaptées, car les bords ne frotteront pas, ce que toutes les autres couleurs sont susceptibles de faire. Certaines recettes sont bien connues ; mais, étant nécessaire de donner un témoignage fidèle de l'art, l'ensemble des couleurs utilisées et des modes de préparation seront présentés.

BLEU.

Deux onces du meilleur indigo, finement pulvérisé, mélangées avec une cuillère à café d'alcool de sel et deux onces de la meilleure huile de vitriol. Mettez le tout dans une bouteille, et laissez-le rester dans l'eau bouillante pendant six ou huit heures, et mélangez avec de l'eau à volonté jusqu'à la teinte désirée.

JAUNE.

Baies françaises, safran ou chips de faustique . Faire bouillir avec une petite portion d'alun; filtrer et mettre en bouteille pour utilisation.

VERT.

Les deux couleurs ci-dessus feront un excellent vert utilisé dans des proportions selon la nuance requise. Un autre vert peut être obtenu en faisant bouillir quatre onces de vert-de-gris et deux onces de crème de tartre jusqu'à ce qu'une bonne couleur soit produite.

ORANGE.

Deux onces de poussière du Brésil, une once de baies françaises meurtries et un peu d'alun. Faire bouillir dans l'eau et filtrer.

ROUGE.

Poussière du Brésil, une demi-livre ; alun, deux onces, bien en poudre ; bouilli dans une pinte de vinaigre et une pinte d' eau jusqu'à ce qu'il soit réduit à une pinte. Filtrer et mettre en bouteille. Les tranches rouges actuellement en vogue sont réalisées en vermillon, mélangé à du format vélin. Les meilleures sont grattées avant d'être colorées , puis brunies.

VIOLET.

Des copeaux de bois de bûche, dans la proportion d'une demi-livre pour deux onces d'alun, et un petit morceau de cuivre, bouillis dans trois pintes d'eau douce jusqu'à réduction d'un tiers, donneront un bon violet.

La poussière du Brésil, soumise à l'action de l'eau fortement potassique, donnera un bon pourpre immédiatement utilisable, mais ne se conservera pas.

BRUN.

Un quart de livre de bois de campanule et la même quantité de baies françaises bouillies ensemble. Si une teinte plus foncée est requise, ajoutez un peu de cuivre. Les bords bruns unis sont réalisés avec de la terre d'ombre brûlée, de la même manière que celle décrite pour les bords rouges.

Avec ces couleurs , les bords des livres peuvent être parsemés d'un nombre presque infini de motifs. Quelques-uns seront donnés ; car, bien que les paillettes fantaisie soient rarement utilisées là où le relieur peut marbrer les bords de livres supplémentaires, elles seront utiles à ceux qui trouveraient le marbrage un travail de trop grande préparation et trop coûteux pour un petit nombre de livres dans des endroits où il y a pas de marbreur .

MARBRE DE RIZ.

Ce modèle doit son nom à l'utilisation du riz ; mais les graines de lin ou la chapelure répondront au même but. Le riz est disposé sur le bord du livre selon la fantaisie, et le bord est saupoudré de n'importe quelle couleur , le riz formant ainsi des espaces vides. Le bord peut être préalablement coloré sur toute la surface ou saupoudré d'une teinte plus claire.

POINT BLANC.

Prenez de la cire blanche et faites-la fondre dans une casserole ; puis avec un pinceau, jetez-en sur le bord du livre ; une fois pris, colorez le bord avec une éponge. Prenez le livre et donnez-lui deux ou trois coups secs au bout de la presse, lorsque la cire s'envolera et qu'il restera une belle tache blanche. Ce motif peut être très varié en utilisant deux ou trois couleurs ou en saupoudrant le bord avant que la cire ne soit appliquée et, après cela, de nouveau avec d'autres couleurs .

Le merlan mélangé à de l'eau jusqu'à obtenir une consistance épaisse répondra à peu près au même but et coûte moins cher que la cire.

MARBRE FANTAISIE.

Prenez une petite portion de rose, de vert ou de toute autre couleur végétale et faites-la bien braiser sur la plaque avec le muller, jusqu'à ce qu'elle soit réduite en une fine poudre. Préparez un plat ou un autre récipient assez grand pour contenir le bord antérieur du livre et rempli d'eau claire ; puis, avec le *couteau à palette,* mélangez une partie des couleurs avec de l'alcool de vin, et transportez-en avec le couteau une partie de celle-ci jusqu'au milieu du récipient, et laissez-la couler graduellement à la surface de l'eau. L'esprit du vin le fera se répandre sous une diversité de formes agréables, lorsque le bord du livre devra être trempé de la même manière que pour le marbrage, et un motif très soigné sera produit à un coût minime, car il n'y aura plus de couleur. doit être mélangé que souhaité à chaque fois.

Saupoudrer d'or.

Une fois que les bords du livre ont été tachés avec l'une des couleurs décrites ci-dessus, un bon effet peut être obtenu en le saupoudrant d'un liquide doré, préparé de la manière suivante : — Prenez un livre d' or et une demi-once de miel, et frottez ensemble dans un mortier jusqu'à ce qu'ils soient très fins ; puis ajoutez une demi-pinte d'eau claire et mélangez bien. Une fois que l'eau est claire, versez-la et ajoutez-en davantage, jusqu'à ce que tout le miel soit extrait et qu'il ne reste plus que l'or ; mélangez un grain de sublimé corrosif avec une cuillerée à café d'alcool de vin, et une fois dissous, mettez le même, avec un peu d'eau de gomme épaisse, dans l'or, et mettez-le en bouteille, en le secouant toujours bien avant de l'utiliser. Une fois sec, brunissez le bord et recouvrez-le de papier jusqu'à ce que le travail soit terminé.

MARBRAGE.

Le marbrage est un art qui consiste à produire certains motifs et effets au moyen de couleurs préparées de manière à flotter sur une préparation de liquide mucilagineux, possédant certaines propriétés antagonistes aux couleurs préparées à cet effet, et dont les couleurs , lorsqu'elles sont ainsi préparées, flottés et formés en motifs à la surface du liquide, sont enlevés en posant dessus un morceau ou une feuille de papier ou en y plongeant les bords légèrement coupés d'un livre.

C'est un processus qu'il n'est pas très facile de décrire ; et pourtant, à quiconque le voit pour la première fois, rien ne semble plus simple ou plus facile à exécuter. Pourtant les difficultés sont nombreuses ; et plus quelqu'un le pratique longtemps , plus il sera convaincu qu'il y a beaucoup plus de découvertes à faire avant que l'art puisse être amené à quelque chose comme la perfection ou les effets produits avec la certitude que l'ouvrier pourrait désirer. Bref, on peut dire qu'elle en est encore à ses balbutiements.

Quand cet art a été découvert pour la première fois, et par qui, ou dans quelle ville ou pays il a été pratiqué pour la première fois , il est difficilement possible de le déterminer. On suppose que l'on ne peut remonter son origine au-delà du début du dix-septième siècle, et que la Hollande a l' honneur d'être le berceau de cet art, le vieux hollandais et quelques motifs dessinés et antiques, avec des tempêtes et d'autres taches. , étant considéré comme le plus original.

Il y a de nombreuses années , ce vieux papier hollandais, de la taille d'un papier cartonné, était importé en Angleterre, enroulé autour de petits colis de jouets hollandais, et passait ainsi en franchise. Une fois enlevé, il était soigneusement lissé et vendu aux relieurs, à un prix élevé, n'étant utilisé que pour les meilleurs travaux. En fait, le choix était tel qu'on peut encore voir dans certains livres anciens les doublures intérieures constituées de pièces soigneusement assemblées. Quelque chose de cet art a malheureusement été perdu depuis cette époque, car les couleurs et l'exécution de certains de ces spécimens anciens dépassent de loin les meilleurs efforts des marbriers modernes les plus célèbres .

Il est proposé cependant de montrer, aussi clairement et brièvement que possible, comment cela est fait et pratiqué aujourd'hui par les meilleurs ouvriers anglais, et de décrire les divers procédés de manière à permettre à tout individu possédant un partage commun de compréhension et de discernement, pour le faire lui-même ; et lorsqu'il y a deux manières de procéder, celle-ci sera décrite laquelle, selon l'expérience, est la plus facile et la meilleure.

Lors de la description d'un motif, cela sera considéré comme suffisant pour inclure tous les modèles de la même classe, ou qui sont réalisés de la même manière, bien que des couleurs différentes puissent être utilisées. Par exemple, un brun peut être décrit, et le vert, étant le même à tous égards quant au mélange et au travail des couleurs , peut être substitué au brun ; et ainsi en ce qui concerne les autres couleurs .

COULEURS.

Les couleurs requises pour le marbrage sont les mêmes que celles habituellement utilisées pour la peinture à l'huile et à la détrempe. Ils doivent être achetés à l' état sec, tels qu'ils sont produits ou fabriqués, et broyés par le marbrier lui-même. Une liste est jointe : -

ROUGES.

Laissez tomber le lac.

Lac du Bois de Pêcher.

Vermillon.

Rose.

Oxford Ocre, brûlé.

LES BLEUS.

Indigo.

Bleu chinois.

Outremer.

Bleu de Prusse.

JAUNES.

Citron Chrome.

Rose hollandais.

Oxford Ocre, Brut.

LES NOIRS.

Lampe végétale noire.

Laissez tomber Ivoire-Noir.

BRUN.

Ombre de dinde brûlée.

ORANGE.

Plomb orange .

Orange chromé.

BLANC.

Kaolin.

Pipe-Argile.

Flocon blanc.

Paris Blanc.

LAISSEZ LE LAC.

C'est le plus beau, mais le plus cher, de tous les rouges, et on ne l'utilise que pour les tranches de livres et les travaux les plus supérieurs. Il existe différentes nuances de cette couleur , à savoir : écarlate, cramoisi et violet. L'écarlate est la plus chère et la plus belle sur les bords, possédant un éclat qu'aucune autre couleur ne produira ; mais il y a une grande quantité d'une espèce très inférieure de laque en forme de goutte, qui n'est d'aucune utilité pour un marbreur , car, lorsqu'on vient à la travailler, elle ne possède aucun corps.

Pour savoir si l'article qu'on va acheter répondra, prenez un morceau de couleur , et, le cassant, appliquez la partie cassée sur la langue. S'il adhère à la langue, il est très douteux que ce soit le cas ; mais s'il retient l'humidité sans aucune tendance à adhérer, on peut l'essayer avec de meilleures attentes. Cette couleur est vendue sous forme de petits cônes ou de gouttes, d'où elle tire son nom, et est une préparation de cochenille ; sa valeur dépend donc beaucoup du prix de cet article.

VERMILLON.

Cette couleur est peu utilisée, à cause de sa grande densité, et rarement sans être combinée avec une autre couleur . C'est une préparation à base de mercure, et bien que nominalement à un prix beaucoup plus bas que le lac, mais si peu de mercure va dans une livre, il est presque aussi cher que cet article.

ROSE.

C'est une couleur très utile mais commune . Il est composé de craie ou de merlan coloré au bois du Brésil ; c'est par conséquent ce qu'on appelle une couleur fugitive , le rose s'estompant très vite sous l'effet de l'exposition à l'atmosphère ou à la chaleur. Combiné avec de l'indigo ou un peu de bleu chinois, cela donne un bon violet.

OCR BRÛLÉ.

Cette couleur est obtenue à l'état natif dans des fosses creusées dans la terre dans les environs d'Oxford ; c'est pourquoi on l'appelle ocre d'Oxford, et parfois ocre de pierre. C'est en fait une sorte d'argile, et lorsqu'elle est chauffée au rouge, elle prend une sorte de couleur rouge . C'est l'une des couleurs les plus utiles et, comme son prix est bas, elle est largement utilisée. Avec l'ajout d'un peu de noir, cela fait un bon brun ; avec un peu de bleu ou d'indigo, cela fait une bonne olive ; ou c'est une bonne couleur utilisée seule et qui n'est pas susceptible de changer.

LAC DE BOIS.

Il s'agit d'une préparation à base de bois de pêcher, et elle n'a été introduite que ces dernières années à la connaissance des marbreurs . Il est fabriqué à Birmingham. Cette couleur fait exception à la règle, car elle est vendue à l'état de pâte ou humide, et peut être mélangée et même utilisée sans broyage, étant destinée presque exclusivement au marbrage. C'est le meilleur rouge qui puisse être utilisé à des fins générales et, pour son apparence, il se situe à côté du lac de chute.

BLEU CHINOIS.

C'est une couleur très belle mais pas très durable . C'est cependant un élément presque indispensable au marbreur , car il produira presque toutes les nuances de bleu par l'ajout de certaines proportions de blanc. Cette couleur demande à être particulièrement bien broyée, comme d'ailleurs tous les bleus.

Il est également vendu dans certains endroits à l'état de pâte ou humide. Il y a de très bons blues humides.

INDIGO.

Cette couleur est un article des plus précieux et on ne peut s'en passer sous aucune considération. Il est trop connu pour qu'il soit nécessaire de le décrire. Bien qu'elle ne soit pas une couleur vive , elle est l'une des plus durables et est inestimable pour mélanger et produire des verts et des violets permanents. Un bon noir ne peut pas non plus être réalisé sans cela. Il faut cependant veiller à ce qu'il soit de la meilleure qualité.

OUTREMER.

C'est une très belle couleur , mais elle doit être utilisée avec parcimonie, car elle ne lustrera pas et ne prendra aucun type de vernis et aura toujours tendance à s'effacer. Les types actuellement d'usage général sont les français et les allemands, l' article authentique étant d'un prix beaucoup trop élevé pour ce genre de travail.

BLEU DE PRUSSE.

Cette couleur a été récemment presque entièrement remplacée par le bleu chinois, qui est une couleur beaucoup plus brillante , le bleu de Prusse étant plus foncé et plus lourd, et est une très mauvaise couleur pour les vitrages.

ROSE NÉERLANDAIS.

C'est une couleur courante mais très utile . C'est une préparation d'écorce de merlan et de quercitron, et est utilisée dans la fabrication des légumes verts, aucune autre couleur ne répondant aussi bien à cet objectif. Il est également très utile en mélange avec du chrome pour produire les différentes nuances de jaune requises.

CHROME.

Celui-ci est de différentes nuances, allant d'une couleur citron clair à un orange foncé se rapprochant du rouge. C'est une couleur utile ; mais, à moins de l'obtenir authentique, il est très difficile de le faire fonctionner correctement.

OCRE BRUTE,

Ou l'ocre d'Oxford dans son état d'origine. Celui-ci peut être utilisé dans certaines proportions pour réaliser des teintes olive combinées avec du rose et du bleu hollandais ou du noir. Il est également utile, en petite quantité, de le mélanger au jaune lorsqu'il a tendance à couler, cette couleur étant d'un caractère très adhésif.

GOUTTE IVOIRE-NOIR.

Cette couleur ne peut pas être bien utilisée seule. On peut donc le qualifier seulement d'auxiliaire des autres.

LÉGUMES-NOIR.

Il s'agit d'un type supérieur de noir de fumée, mais préparé à partir de matières végétales et non animales. Il est étonnamment léger et ne peut pas être utilisé seul et ne produira pas de noir pour le marbrage sauf en combinaison avec le double de son poids de bon Indigo.

OMBRE DE DINDE, BRÛLÉE.

Cette couleur produit un très bon brun, mais elle n'est pas obligatoire si vous avez de l'ocre brûlé d'Oxford, car, à l'aide de cette couleur et d'un peu d'indigo et de noir, n'importe quelle nuance de brun peut être produite.

PLOMB ORANGE .

C'est une couleur très intense et peu utilisée, sauf pour les bords des livres de comptes.

BLANC.

Pour cela, on utilise un article appelé China Clay ; aussi, pour certains usages, l'argile à pipe commune.

GENCIVE.

De toutes les variétés de gomme, il n'y en a qu'une qui soit d'une quelconque utilité pour le marbreur , et qui s'appelle gomme adragante ou gomme-dragon. On ne saurait accorder trop de soin au choix de cet article, car une grande partie de l'excellence de l'ouvrage en dépend. Il doit être gros, blanc et feuilleté. On en trouve parfois de très bonnes en petits flocons blancs ; mais que celui-ci, en morceaux brun foncé, soit rejeté immédiatement, quel que soit le prix auquel il peut être proposé. S'il était utilisé, il ne conviendrait que pour le type de travail le plus courant ; mais en réalité, il n'y a aucune économie dans un article de qualité inférieure, car une livre d'une sorte vraiment bonne ira aussi loin que deux d'une mauvaise et produira un résultat bien plus satisfaisant. Une bonne gomme doit se dissoudre dans l'eau froide ; il nécessite au moins quarante-huit heures de trempage, en étant bien remué à intervalles réguliers ; mais certaines gommes mettent plus de temps à se dissoudre. Une bonne gomme produira une surface lisse, mais une mauvaise gomme donnera souvent une surface rugueuse, ce qui est contraire à l'objectif recherché. Encore une fois, certains donneront une surface lisse et pourtant ne posséderont aucune force ; les couleurs couleront bien dessus et se formeront correctement, et, lorsque le papier sera retiré, elles paraîtront, au début, très belles, mais en le regardant cinq ou dix minutes après l'avoir accroché, les couleurs seront trouvées. s'enfuir, provoquant une gêne et une mortification indescriptibles.

MODE DE PRÉPARATION DE LA GOMME.

Procurez-vous un grand bac en terre, vitré à l'intérieur, capable de contenir de huit à douze gallons d'eau. Mettez-y une livre de gomme adragante et versez dessus environ deux gallons d'eau douce. Remuez-le toutes les quelques heures avec un balai de bouleau propre réservé expressément à cet effet, en cassant les grumeaux et en ajoutant plus d'eau à mesure qu'il épaissit ou absorbe celle précédemment mise. Dans environ quarante-huit heures, vous pourrez vous aventurer à l'utiliser ; mais soixante-douze heures seraient mieux. Certaines gommes sont d'autant meilleures pendant une période plus longue, que, bien qu'une partie considérable de la gomme puisse être dissoute, les meilleures propriétés de celle-ci ne sont cependant extraites que lorsque la totalité est dissoute. Il faut le passer au tamis à poils fins avant de l'utiliser, et s'il reste des grumeaux, les remettre dans la casserole jusqu'à ce qu'ils soient tous dissous.

DE GRAINES DE LIN.

Il est possible de marbrer certains motifs sur du mucilage de graines de lin, mais c'est un véhicule très difficile à travailler et on ne peut jamais le faire produire un résultat satisfaisant. On le fait soit en faisant bouillir un litre de graines de lin dans six ou huit gallons d'eau, soit en versant l'eau bouillante sur les graines de lin et en les remuant jusqu'à ce qu'elles en extraient les propriétés mucilagineuses ; mais très vite il se décompose ou se transforme en eau.

CARraghénane OU MOUSSE D'IRLANDE.

Il s'agit d'un article utilisé par certains, et on peut s'en passer complètement : ce n'est pas un article nécessaire. Lorsqu'on l'utilise, il doit être cueilli (le blanc étant le meilleur) et bien lavé ; puis laissez-le mijoter à feu doux pendant une heure ou deux, passez-le au tamis à poils fins, et il sera prêt à l'emploi ; mais il faudra une portion de la solution de gomme adragante pour pouvoir en faire beaucoup.

GRAINES DE PUCES.

C'est un article mais peu connu sauf de ceux qui ont l'occasion de l'utiliser. C'est une petite graine brune et dure, en taille, en forme et en couleur. ressemblant beaucoup au petit insecte ennuyeux dont il porte le nom et dont il pourrait éventuellement tirer son appellation. Il produit un mucilage très fort et puissant, bien plus fort que celui que l'on peut obtenir à partir des graines de lin ; et ce qui augmente sa valeur, c'est qu'il ne perdra pas si vite sa force ni ne se transformera en eau, mais se conservera plusieurs jours. C'est un excellent assistant, mélangé à la gomme, dans la fabrication des marbres français et espagnols, mais il est un ennemi total des motifs dessinés et sans pareil.

Pour le préparer, mettez un quart de livre de graines dans une casserole, versez dessus un gallon d'eau bouillante, maintenez-le bien agité pendant dix minutes, et laissez-le reposer pendant une demi-heure ; puis remuez-le de nouveau pendant dix minutes supplémentaires, et dans une autre demi-heure, ajoutez un autre gallon d'eau bouillante, en remuant comme auparavant, à intervalles réguliers, pendant une heure ; après quoi laissez-le rester, et la graine se déposera au fond de la casserole. Lorsqu'elle est froide, versez-la par-dessus pour l'utiliser, et la graine supportera davantage d'eau bouillante, mais pas autant qu'au début. Parfois, la graine donnera un troisième extrait ; mais cela doit être déterminé par votre jugement, car la graine, une fois épuisée, perdra sa propriété visqueuse et devra alors être jetée. La graine ne doit jamais être remuée une fois refroidie , car elle se déposera sans être à nouveau chauffée ni additionnée d'eau bouillante.

Bœuf-GALL.

Le moyen le plus sûr d'obtenir cet article authentique est de le procurer dans la vessie telle qu'il est prélevé sur l'animal, si vous connaissez un boucher sur lequel vous pouvez compter. Le fiel de certains animaux est très épais, mais après un certain temps de conservation, il s'amincit sans perdre aucunement ses propriétés ; en fait, le fiel est d'autant meilleur qu'il est conservé, et n'est pas pire qu'il ait une forte odeur.

EAU.

L'eau douce ou de pluie, lorsqu'on peut se la procurer, est la mieux adaptée à toutes les préparations en marbrure.

DES PRÉPARATIONS OU DES VÉHICULES NÉCESSAIRES POUR LE MARBRAGE.

Pour les modèles espagnols, français, italiens, du West End et britanniques, il faudra un mélange de gomme adragante et de mucilage de graines de puces, dans les proportions d'un litre de cette dernière pour deux gallons de la première. Battez-les bien ensemble jusqu'à ce qu'ils soient bien mélangés ou incorporés les uns aux autres , passez-les au tamis à cheveux fins dans l'auge et ils seront prêts à l'emploi.

Pour les hollandais, les nonpareils, les boucles, les antiquités, et enfin tous les motifs qui nécessitent d'être formés avec un instrument quelconque sur la préparation en auge, n'utilisez que la solution pure de gomme adragante ; en fait, vous pouvez marbrer tous les motifs sur celui-ci seul, de sorte que s'il y a des difficultés à vous procurer les autres articles, et que vous pouvez vous procurer de la bonne gomme, vous pouvez faire n'importe lequel ou tous les motifs dessus, bien que certains d'entre eux soient amélioré par l'ajout du mucilage de la graine de puce.

Comme certaines gommes sont plus résistantes que d'autres, il n'est guère prudent ni possible de donner un poids exact de gomme à une certaine quantité d'eau. La pratique et votre propre jugement doivent déterminer cela. En outre, si la gomme n'est pas suffisamment trempée ou battue, elle ne donnera pas autant ou aussi bonne taille qu'elle le serait si elle était dans son bon état. Ce qui suit donnera quelques idées pour s'orienter en la matière : — Si, en effleurant la surface et en saupoudrant sur les couleurs , celles-ci perdent leur forme et semblent se retourner sur la solution, surtout dans les coins de l'auge, c'est un signe qu'il est trop mince ; si, au contraire, à l'écrémage il y a une grande résistance lorsqu'on entraîne l'écumoire, et qu'en saupoudrant sur les couleurs , elles se fissurent et s'étalent longtemps, c'est signe qu'elle est trop épaisse ; mais un peu de pratique permettra bientôt à l'apprenant de former un jugement correct en la matière.

DE BROYAGE DES COULEURS.

Sur ce point, vous devez être très particulier ; car, si les couleurs ne sont pas finement ou convenablement broyées, on ne peut pas s'attendre à ce que l'œuvre soit belle. Lorsqu'une grande quantité est requise, un moulin à couleurs est la méthode la plus avantageuse ; mais s'il s'agit d'une petite échelle, ou pour des bords, la pierre ordinaire et le muller seront les mieux adaptés à cet effet. En effet, toutes les couleurs nécessaires aux chants doivent être particulièrement bien broyées sur une plaque, avec une meuleuse, le broyeur ne moulant pas aussi finement que par cette méthode.

Les couleurs doivent toutes être broyées avec une préparation de cire d'abeille, dans la proportion moyenne d'une once de cire d'abeille préparée pour une livre de couleur . Les bleus et les verts exigent un peu plus. Cela empêchera la couleur de déteindre sur la main et la fera brunir ou se glacer facilement.

INSTRUCTIONS POUR PRÉPARER LA CIRE POUR LE MEULAGE.

Tenter de broyer la cire d'abeille dans son état d'origine serait une tâche infructueuse, car elle collerait aux pierres et ne s'unirait pas aux autres ingrédients. Pour éviter cela, préparez-le de la manière suivante : prenez deux livres de la meilleure cire d'abeille, mettez-la dans une pomme de terre, et avec elle un quart de livre du meilleur savon en caillé, coupé en morceaux petits ou minces ; placez-le à feu modéré, et lorsque le savon et la cire sont bien dissous (mais assurez-vous qu'ils ne bouillent pas), mettez la pomme contenant le liquide chaud sur une table, prenez dans une main une casserole d'eau froide, et, remuant doucement la cire fondue avec l'autre, versez l'eau petit à petit, en la maintenant constamment remuée, et elle s'épaissira progressivement, jusqu'à ce qu'enfin on puisse à peine la remuer. Il faut veiller à ce qu'elle ne soit pas trop chaude lorsqu'on y verse l'eau, car elle risquerait de s'échapper de la cuvette et de brûler l'ouvrier. Bien mélangé, une fois refroidi, il peut être pulvérisé entre le doigt et le pouce ; et dans cet état, il se mélangera ou se broyera facilement avec la couleur , mais il faudra le frotter ou le travailler avec la couleur sèche avant de le mouiller pour le broyer.

AUGES.

Les auges doivent être en bois, parfaitement planes et lisses au fond, et d'une épaisseur suffisante pour éviter qu'elles ne se déforment. Ils doivent avoir environ deux pouces et demi de profondeur à l'intérieur et environ deux pouces de plus que la feuille de papier que vous souhaitez marbrer, sinon vos bords seront imparfaits. Il doit y avoir environ trois pouces séparés sur le côté droit par une cloison en pente, qui doit être à environ un huitième de pouce au-dessous des côtés, afin que les déchets puissent être écumés dessus sans les faire couler par-dessus. L'ensemble doit être parfaitement plat et vrai ; et, si les joints sont bouchés avec de la céruse, assurez-vous qu'elle soit bien sèche et dure, sinon cela gâcherait entièrement la solution et remplirait le motif de blanc.

MARBRE FRANÇAIS OU COQUILLE.

Pour commencer avec les sortes de papiers marbrés les plus faciles et les plus courantes : les couleurs étant convenablement broyées, et l'auge placée sur une table plane ou un banc fixe d'une hauteur convenable, avec quelques pieds d'espace libre de chaque côté, placez les pots contenant le les couleurs à droite, et les papiers ou livres à marbrer à gauche. Qu'il y ait un petit pinceau dans chacun des pots de couleurs de veines , et un plus gros dans le dernier ou couleur de corps . Ayez une petite tige ou barre de fer d'environ douze ou quatorze pouces de long, placée de manière à pouvoir la saisir en cas de besoin avec la main gauche. Remplissez l'auge jusqu'à environ un demi ou trois quarts de pouce du haut avec la solution de gomme adragante et de graines de puces, comme décrit précédemment, et procédez au mélange des couleurs .

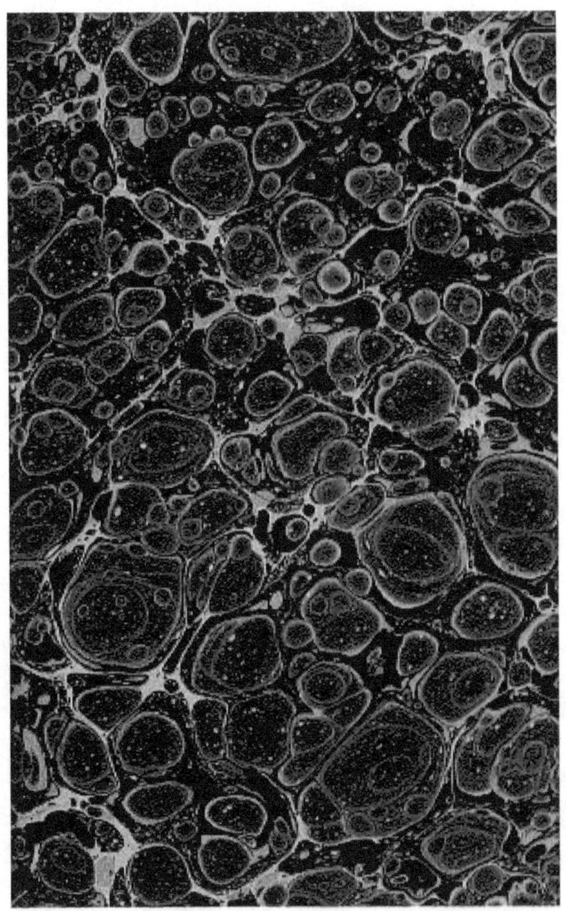

Pour des raisons de commodité de référence, les divers modèles décrits et les processus employés seront numérotés.

N° 1.— grand FRANÇAIS OU COQUILLE BRUN , AVEC TROIS NERVURES, À SAVOIR : ROUGE, JAUNE ET NOIR.

Mélangez du fiel de bœuf et de l'eau dans la proportion d'un huitième de la première pour sept huitièmes de la seconde. Mélangez les veines- colorants avec ce mélange, en les mettant petit à petit, et en remuant délicatement avec le pinceau (mais attention à ne pas le faire mousser en remuant trop vite) jusqu'à obtenir la consistance voulue, qu'il faut constaté en saupoudrant un peu de couleur sur la solution dans l'auge. Si la couleur baisse et ne s'étale pas, ajoutez un peu de fiel pur ; mais s'il s'étend trop loin et s'ouvre trop, mélangez un peu plus de couleur avec de l'eau seulement, et mettez-le sur celui qui s'étend trop.

Le brun aura besoin de plus de fiel, de moins d'eau et de quelques gouttes de la meilleure huile d'olive, ce qui le fera se former en anneaux ou en coquilles lorsqu'il tombera sur la solution dans l'auge. Cette couleur devra être plus épaisse que les couleurs veineuses et, lorsqu'elle sera lancée ou saupoudrée, elle devra chasser ou forcer les autres couleurs à prendre la forme de veines. En augmentant la quantité de galle dans la dernière couleur , on amènera les veines à presque n'importe quel degré de finesse ; mais il y a un point au-delà duquel il n'est pas conseillé d'aller. Si le brun ne s'écaille pas assez, mais se forme en trous, ajoutez encore quelques gouttes d'huile et mélangez bien ; mais s'il y a trop d'huile, cela gâchera complètement l'effet de la coquille, ce qui ne pourra être neutralisé d'aucune autre manière qu'en mélangeant un peu plus de couleur sans huile et en l'y ajoutant.

Ayant donc tout prêt, écumez d'abord légèrement la surface de la solution sur toute la surface, et immédiatement (car quand vous commencez il faut agir vite jusqu'à ce que toutes les couleurs soient allumées) saupoudrez sur les couleurs , en commençant par le rouge, puis jaune, troisièmemement, noir ; puis avec la couleur principale ou corporelle, allez bien et également partout, en prenant soin de jeter autant de couleur sur une partie de la surface que sur une autre ; puis prenez une feuille de papier par les deux coins opposés, et laissez le coin entre le doigt et le pouce de la main droite toucher d'abord la surface, tandis qu'avec la gauche vous laissez le papier descendre graduellement, jusqu'à ce qu'il repose à plat sur le liquide. S'il est descendu trop rapidement, ou si le papier est froissé, de manière à permettre à l'air de passer en dessous, des taches blanches apparaîtront lorsqu'on le sortira de l'auge ; et si l'on laisse le papier reposer assez longtemps sur le format pour faire ressortir les cloques, les marques apparaîtront néanmoins.

Pour retirer le papier, posez une latte ou un mince bâton au centre du papier lorsqu'il repose dans le bac ; laissez-le être suffisamment long pour que les extrémités reposent sur les bords de l'auge ; puis saisissez le papier par les deux coins parallèles, reposez-le sur le bâton, soulevez-le hors de l'auge par le bâton, de la même manière qu'il pourrait pendre en travers d'une ligne, et placez-le sur une grille pour qu'il sèche.

N° 2.— PETIT FRANÇAIS BRUN .

Ce motif est réalisé avec exactement les mêmes couleurs que le n°1, en utilisant la tige de fer décrite précédemment. On le tient dans la main gauche, et le pinceau heurte dessus, ce qui fait tomber la couleur par petites taches et reproduit pour ainsi dire en miniature le motif n° 1.

N° 3.— BRUN FRANÇAIS , AVEC TACHE CLAIRE.

Ce motif n'a que deux couleurs de veines : le rouge et le noir. Ceux-ci sont mélangés au mélange de fiel et d'eau, comme décrit pour les veines du n° 1. Il a aussi deux autres couleurs . Le brun est mélangé d'une manière similaire au brun pour le n° 1, mais avec moins de fiel et d'huile, pour permettre à l'autre couleur de s'écouler dessus ; et la dernière, ou tache claire, est composée d' ocre d'Oxford brute ou non brûlée, et est mélangée avec du fiel, de l'eau, quelques gouttes d'huile d'olive et une portion d'essence de térébenthine.

N° 4.— PETITE COQUILLE JAUNE.

Cela se fait de la même manière que le n° 2 en ce qui concerne le mélange et le travail, la seule différence étant la couleur de la carrosserie .

N° 5.— COQUILLE BRUNE ET VIOLETTE.

Ce motif a trois veines et deux couleurs françaises , ou couleurs mélangées à la française, c'est-à-dire avec de l'huile, dont la dernière, dans ce cas, est le pourpre. Mélangé avec un peu plus de fiel et d'huile que l'autre, afin de la faire couler et de faire remonter les autres couleurs , un marbreur pourra, s'il suit ces instructions, imiter n'importe quel modèle français. , qu'ils contiennent plus ou moins de couleurs .

N° 6.— STORMONT BLEU

C'est un modèle ancien, mais qui mérite d'être relancé. Bien qu'apparemment très simple et facile à exécuter, il est néanmoins très difficile à maintenir en ordre, à cause de l'évaporation rapide et des changements chimiques qui s'opèrent continuellement parmi les ingrédients avec lesquels il est mélangé. Cela demande une grande rapidité et une observation fine de la part de l'ouvrier.

Il n'y a qu'une seule couleur de veine (rouge) et la couleur de fond ou de corps est bleue. On utilise pour cela la même préparation de gomme et de graines de puces que pour le marbre français. Mélangez le rouge pour veine, comme d'habitude, avec du fiel et de l'eau. L'autre couleur doit être constituée uniquement de bon indigo, sans lequel l'effet souhaité ne peut être produit. L'indigo étant broyé, comme indiqué précédemment dans les instructions pour broyer les couleurs , mélangez l'indigo avec du fiel, de l'eau et de l'essence de térébenthine, dont il aura besoin d'une proportion considérable pour le faire éclater. de petits trous. Le but de ce modèle est de le faire ressembler à un réseau fin. Parfois, il arrivera qu'au début , cela ne fonctionnera pas, mais après un jour ou deux de repos, cela fonctionnera bien, tandis qu'à d'autres moments, cela fonctionnera immédiatement. Si les trous sont trop grands par suite d'un excès de térébenthine (car ils seront quelquefois trop grands par manque d'essence), ajoutez encore un peu de fiel et de l'indigo frais, en y mettant quelques gouttes d'eau d'alun ; mais faites-y très attention ; car s'il y en a trop, cela rendra la couleur épaisse et coagulée : auquel cas recourez à un peu de solution de potasse ; mais il vaut mieux, si possible, se passer de l'un ou l'autre.

N° 7.— ITALIEN LÉGER .

Un très joli modèle quoique simple, mais qui demande une grande propreté de travail pour bien le réaliser. Les couleurs étant broyées comme indiqué précédemment, on procède à leur mélange avec du fiel et de l'eau seulement, comme si elles étaient pour les veines. La dernière couleur est le blanc ; cela demande une plus grande proportion de fiel que les autres couleurs , et un pinceau plus gros, comme dans les modèles français.

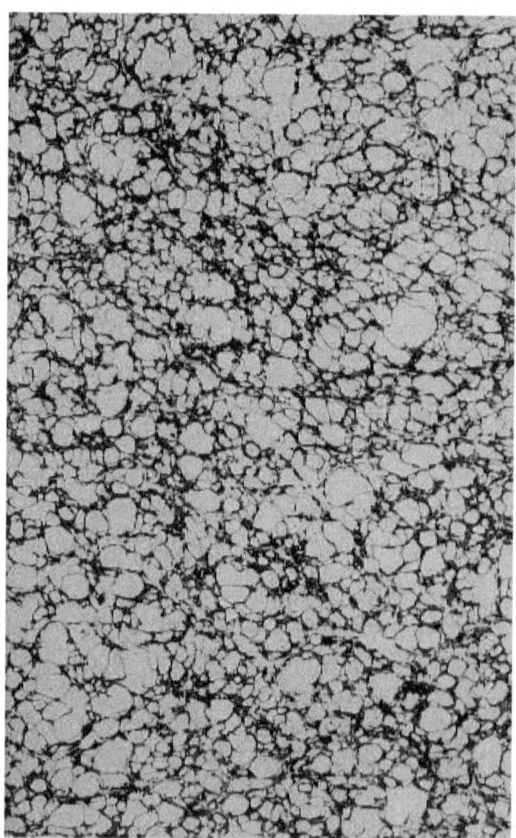

Après avoir écumé la taille, procédez en battant ou en frappant sur les couleurs , à savoir : rouge, vert et noir, comme en petit français, en prenant particulièrement soin d'avoir les anneaux des pinceaux exempts de toute accumulation de couleur , sinon ils le feront. provoquer de grosses taches ou taches, qui gâcheront l'apparence de l'œuvre. Une différence entre cela et le petit français est qu'aucune huile n'est utilisée dans aucune des couleurs .

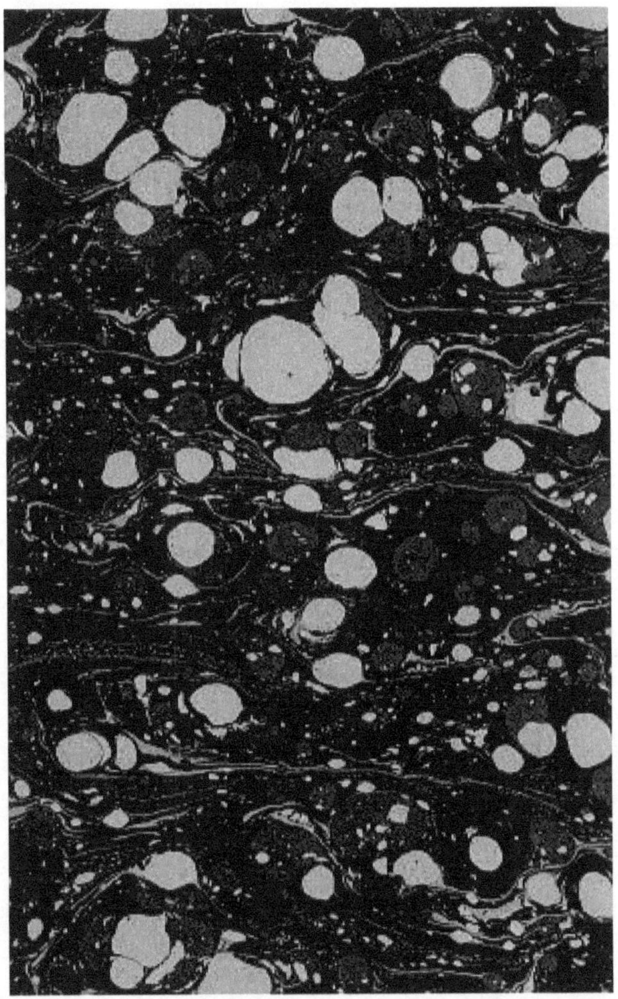

Une autre méthode consiste à utiliser un mélange de fiel faible et d'eau au lieu de la couleur blanche , et qui doit être fermement frappé ou battu, proportionné selon le jugement du marbreur . Cette méthode est préférable à la première pour les bords, et conviendra tout aussi bien pour le papier.

NON. 8.— PETIT ITALIEN VERT .

Un motif très net peut être fait d'une seule couleur , qui doit être mélangée avec du fiel et de l'eau suffisamment forte pour couvrir toute la surface de la solution sur l'auge ; après quoi, battez sur le blanc, ou sur le fiel et l'eau, comme auparavant. La même taille, ou préparation de gomme et de graines de puces, fera l'affaire pour cela comme pour les billes précédentes ; il doit cependant rester propre pour que l'œuvre soit belle et lumineuse.

N° 9.— EXTRÉMITÉ OUEST, (MARRON, AVEC TACHE CLAIRE.)

Ce motif se compose de deux couleurs proéminentes en plus des veines ; l'un d'eux est sombre et parsemé de petites taches blanches ; l'autre, qui est la dernière ou la couleur supérieure , est claire et est obtenue en prenant une partie de la couleur la plus foncée et en y mélangeant une quantité de blanc suffisante pour l'amener à la teinte désirée. Mélangez les couleurs des veines de la manière ordinaire, c'est-à-dire : avec les proportions habituelles de fiel et d'eau ; puis mélangez le brun avec une plus grande proportion de fiel, et saupoudrez-en autant que pour enfoncer les autres couleurs dans les veines ; puis prenez le blanc, ou le fiel et l'eau, comme en italien, et battez-le finement et également partout, mais pas autant que pour le modèle italien. Prenez enfin la couleur claire ou supérieure , qui devra être plus forte en fiel que toutes les autres, et qu'il faudra saupoudrer légèrement et uniformément sur l'ensemble ; poser sur le papier le plus rapidement possible.

Ce motif est connu sous le nom de West End et est en tous points semblable au motif espagnol dans le travail, sauf qu'il n'est pas ombré.

N° 10.— EXTRÉMITÉ OUEST, (VERT, AVEC TACHE LUMINEUSE.)

Un excellent motif peut être réalisé semblable au numéro 9 dans tous les détails du mélange, du travail et de l'application des couleurs , la seule différence étant dans les couleurs , qui peuvent être faites de deux nuances de vert ou d'olive, et les veines rouges. , jaune et bleu.

N° 11.— BOUCLE.

Le motif appelé French Curl, d'après la description du marbre français (voir
n° 1) n'exigera pas beaucoup d'explications, la seule différence dans le travail
étant qu'il ne doit y avoir aucune préparation de la graine de puce avec la
gomme. ; mais il faut le faire sur la solution de la gomme seule, sans aucun
mélange. Il faudra également un cadre avec autant de chevilles que de boucles
sur le papier ; ces piquets doivent avoir environ trois pouces de long et à peu
près l'épaisseur d'une grosse plume d'oie, se rétrécissant vers une pointe.
Mettez les mêmes couleurs que pour le grand français n°1 ; prenez le cadre
de piquets, et, en le tenant à deux mains, posez les piquets jusqu'au fond de
l'auge, donnez-lui un léger mouvement de rotation, puis soulevez-le
rapidement, afin qu'aucune goutte ne tombe des piquets dans l'auge, et

posez-le sur le papier comme d'habitude, en prenant soin de le poser droit et uniforme, sinon tout le motif sera de travers.

N° 12.— BOUCLE BRUNE.

Un motif de boucle peut être composé d'une seule couleur , mélangée avec les mêmes ingrédients que le modèle français ordinaire ; c'est le plus simple des deux à réaliser.

NON. 13.— BOUCLE ROUGE.

Un motif de boucles peut être composé des mêmes couleurs que celles utilisées pour le nonpareil, seules les couleurs et la gomme sont toutes deux utilisées un peu plus épaisses que pour la boucle française, et les couleurs ne doivent contenir aucune huile.

ESPAGNOL.

Ce marbre se distingue de tous les autres par une série de nuances claires et sombres qui parcourent toute l'étendue de la feuille de papier dans une direction diagonale. Et comme il s'agit de simplifier au maximum cet ouvrage, le marbreur gardera à l'esprit que tous les motifs espagnols unis peuvent être travaillés et traités sans l'aide d'autres agents que le fiel de bœuf et l'eau, bien sûr. en supposant que les couleurs sont broyées et préparées comme indiqué précédemment.

N° 14.— OLIVE, OU VERT CLAIR, ESPAGNOL .

L'un des motifs les plus simples et les plus faciles s'appelle Olive Spanish, avec des veines rouges et bleues. Les veines sont mélangées avec du fiel et de l'eau, comme dans les sortes de marbrures précédentes, jusqu'à ce qu'elles soient amenées à la consistance convenable ; et comme il n'est pas possible d'énoncer une mesure donnée pour doser exactement le fiel et l'eau , certains fiel étant plus forts que d'autres, cela doit être déterminé en observant l'effet produit dans les couleurs lorsqu'elles sont essayées sur la solution. Mais chaque couleur successive nécessite plus de fiel que celle qui l'a précédée, et la couleur principale ou corporelle doit être à la fois plus épaisse en elle-même et plus forte en fiel que toutes les autres. Cette règle est presque sans exception.

Après avoir donc mélangé et préparé les couleurs , ayant dans l'auge la préparation de gomme et de graines de puces, commencez à appliquer d'abord le rouge, puis le bleu, et enfin, avec un grand pinceau plein de couleur , le olive; en commençant par le coin gauche de l'auge, le plus éloigné de vous, et en descendant et en remontant étroitement partout, en prenant soin de ne pas passer deux fois au même endroit, sinon vous produirez des anneaux en tombant d'un point sur un autre, ce qui est considéré comme répréhensible. On ne peut cependant pas l'éviter entièrement. Maintenant, prenez le papier par les deux coins opposés et, en le tenant aussi droit que possible, mais avec un degré d'aisance et de relâchement qui ne peut être atteint que par la pratique, laissez le coin de la main droite toucher doucement la couleur sur le creux. , tandis qu'en même temps vous la secouez ou la déplacez d'un mouvement régulier, en même temps, avec la main gauche, en laissant la feuille descendre régulièrement et graduellement jusqu'à ce qu'elle repose à plat sur la surface de la solution. De la pratique sera nécessaire avant que les rayures ou les nuances soient réalisées avec certitude et régularité. Nous prendrons ensuite un motif à trois nervures.

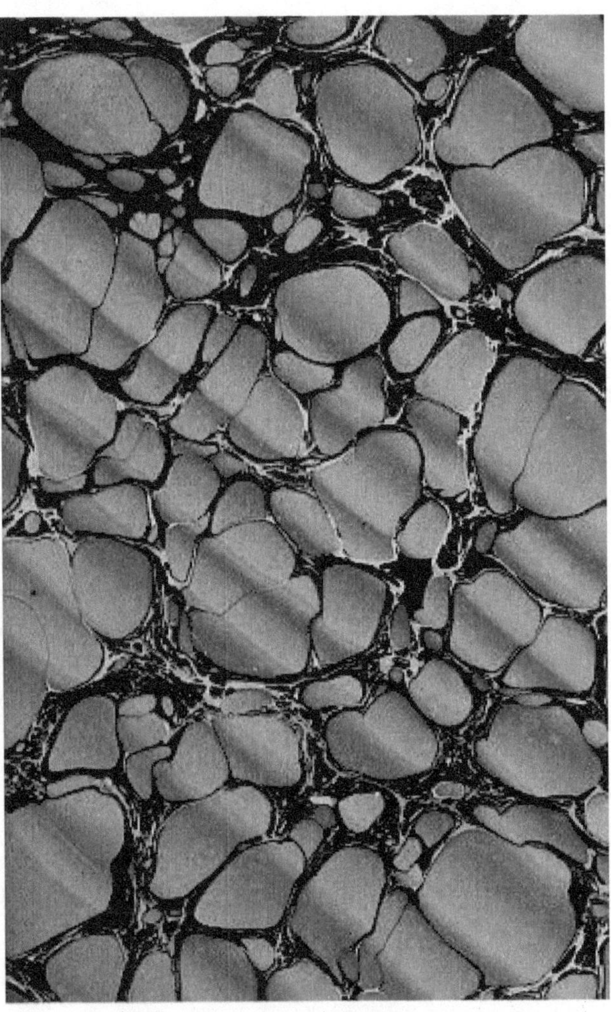

N° 15.— BLEU OU ARDOISE ESPAGNOL.

Ceci est effectué d'une manière similaire à celle qui vient d'être décrite. Ajoutez d'abord le rouge, puis le jaune, troisièmement le bleu, et enfin l'ardoise, ou couleur corporelle , qui est composée d'indigo, de bleu chinois et d'une portion de blanc. Nous avançons maintenant un peu plus loin et reprenons un motif à quatre nervures.

N° 16.— ESPAGNOL BRUN .

Il s'agit d'un modèle bien connu. Peut-être qu'on en a fait autant, sinon plus, que n'importe quel autre, et ce sera toujours un modèle permanent. Procédez de la même manière que précédemment, en jetant d'abord le rouge ; puis jaune ; troisièmement, le bleu ; quatrièmement, le noir ; et enfin le brun, qui doit être composé de bonne ocre brûlée, foncée d'un peu de noir.

N° 17.— ESPAGNOL DOUBLE BRUN .

Ce motif comporte quatre couleurs pour les veines et deux couleurs pour le corps , la dernière couleur ou couleur supérieure étant une dilution de l'autre avec du blanc. Les veines sont projetées dans l' ordre suivant : — d'abord, rouges ; puis noir ; ensuite le jaune (certains travaillent le jaune avant le noir) ; quatrièmement, le vert ; puis le brun, qui ne doit pas être tout à fait aussi puissant ni mis tout à fait aussi lourd que pour le brun espagnol, et parsemer dessus la couleur claire ou supérieure , qui demande à être plus forte en fiel que les autres.

N° 18.— ESPAGNOL FANTAISIE .

Le motif ainsi désigné a quelque chose de l'apparence d'un espagnol travaillé sur un italien. Il faut sept couleurs et pinceaux pour exécuter ce motif, même s'il peut être composé de moins. Commencez, comme d'habitude, par le rouge en premier ; puis noir ; troisièmement, le jaune ; quatrièmement, le bleu ; cinquièmement, le vert. Ceux-ci étant tous jetés ou saupoudrés, jetez-les ensuite sur le blanc, en utilisant la tige de fer, comme pour le West End ou l'italien, et battez ou frappez-le très fermement sur toutes ces couleurs , mais pas autant que vous le feriez pour l'italien. ; et enfin la couleur principale ou couleur du corps , disons vert olive foncé. Ombrez-le en secouant ou en agitant le papier de la même manière que pour les autres espagnols.

N° 19.— ESPAGNOL FANTAISIE .

Un autre motif espagnol composé ou fantaisie est réalisé en introduisant un petit motif français au lieu de veines. En faisant cela, veillez à ne pas avoir autant de fiel ou d'huile dans les couleurs que si vous alliez faire du français uniquement, et la couleur du dessus ou du corps nécessitera plus de fiel que n'importe lequel des motifs unis pour que cela fonctionne. sur la couleur française .

De beaux effets peuvent être produits en pliant le papier en carrés ou en pliant les feuilles en diverses parties avant l'ombrage, certaines d'entre elles donnant aux nuances un aspect ondulé, comme si elles avaient été arrosées comme de la soie.

N° 20.— DRAG OU ESPAGNOL SUPPLÉMENTAIRE .

Pour ce faire, vous devez disposer d'un creux deux fois plus long que la feuille de papier ; car, pour réaliser la forme allongée des taches, il faudra la traîner ou la pousser d'un bout à l'autre de l'auge au cours de la pose de la feuille de papier. Les couleurs et la préparation sont les mêmes que pour les autres espagnols, seules les couleurs sont utilisées considérablement plus fines, car elles deviendraient si épaisses sur le papier, à partir d'une feuille tirée et occupant une surface de couleur habituellement autorisée pour deux. , qu'il se décollerait et s'effriterait sans brunir.

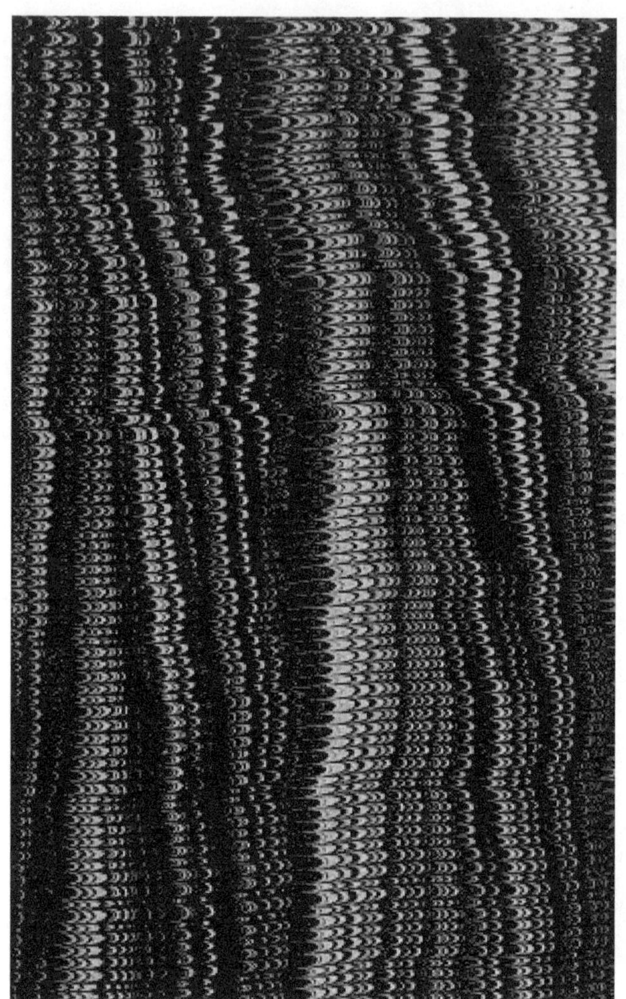

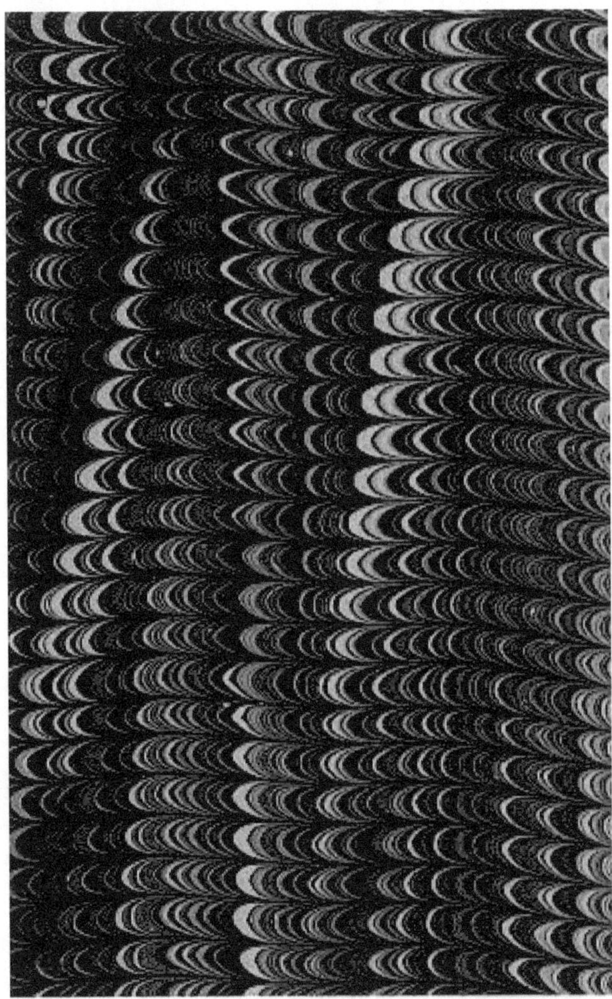

N° 21.— NONPAREIL OU PEIGNE.

Nous arrivons maintenant à ce modèle bien connu et très populaire, qui a connu un parcours des plus extraordinaires et dont certains ne semblent guère se lasser, bien qu'il soit devenu si courant ces derniers temps qu'il est utilisé pour presque toutes sortes de travaux.

Pour cette description du persillage, utiliser la solution de gomme seule dans l'auge. Mélangez les couleurs avec du fiel et de l'eau, en prenant particulièrement soin d'éviter toute huile et graisse de toute sorte ; mais les couleurs devront être plus épaisses et plus colorées que pour l'espagnol, à l'exception de la dernière, qui n'exigera pas d'être aussi fortement appliquée que la dernière couleur espagnole . Laissez toutes les couleurs être appliquées dans des proportions à peu près égales. Pour commencer, procédez comme d'habitude : écumez d'abord la surface de la solution, et suivez immédiatement avec le rouge de manière à bien couvrir toute la surface de la solution ; puis noir ; ensuite, orange ou jaune ; quatrièmement, le bleu ; et enfin la couleur du dessus , quelle que soit la nuance requise. Prenez maintenant le râteau à piquets, qui doit être aussi long que l'auge de droite à gauche, et qui consiste en un morceau de bois avec des piquets insérés à environ un pouce et demi l'un de l'autre et environ trois pouces de long, se rétrécissant vers la pointe, et ayant l'apparence d'une tête de râteau. Passez-le une fois de haut en bas à travers la couleur d'avant en arrière, en faisant particulièrement attention à ce que lorsque vous le retirez, les dents se situent exactement entre l'endroit où elles sont montées. Après avoir ratissé la couleur pour lui donner la forme appropriée, prenez le peigne, qui doit atteindre toute la largeur de l'auge, d'avant en arrière, et tracez-le régulièrement à travers la couleur , et le motif est prêt pour la pose du papier, qui doit être fait d'une main ferme, sinon il y aura des nuances dedans.

N° 22.— RATISSÉ SANS PAREIL.

Un très bon motif est réalisé en suivant les instructions du numéro 21 jusqu'à ce que les couleurs soient correctement ratissées, puis en battant un peu de blanc uniformément dessus, et il est prêt pour le papier.

N° 23.— SANS PAREIL, (INVERSÉ.)

Un autre motif est réalisé exactement par le même procédé que le numéro 21, jusqu'à ce que les couleurs aient été ratissées avec le piquet ; puis prenez le peigne, qui doit être beaucoup plus grand, et tracez-le à travers la couleur de gauche à droite, puis retournez-le immédiatement et tirez-le encore de droite à gauche, et l'effet désiré sera produit.

N° 24.— ANTIQUE.

Le marbre antique est exécuté ainsi : après avoir jeté les trois premières couleurs , à savoir le rouge, le noir et le jaune, ratissez-le une fois de haut en bas avec le râteau, après quoi procédez au jet sur le vert, suivez avec le tache rose, et enfin, battre ou frapper sur de petites taches blanches. Certains motifs antiques sont réalisés avec une tache bleue ou d'une autre couleur , au lieu du rose décrit ici, mais le processus est le même.

N° 25.— ANTIQUE, (ZÈBRE.)

Cela se fait avec des couleurs préparées de la même manière que pour le nonpareil ordinaire ; jetez quatre couleurs , à savoir : rouge, noir, jaune et bleu ; puis ratissez la même chose que pour le nonpareil, puis appliquez une couleur claire pour une tache ; poser sur le papier la même chose que pour l'espagnol. Parfois, il est réalisé sans ombre et passe pour un autre motif.

N° 26.— VAGUE.

Dans ce motif, les couleurs sont dessinées sous une forme ondulante, les points de chaque rangée se rencontrant. Les couleurs sont préparées de la même manière que pour le nonpareil. On jette dessus le rouge, le jaune, le bleu et le vert, sur lesquels on bat ou frappe un peu de blanc, mais pas trop abondamment ; il faut maintenant une sorte de double râteau ou cadre, avec des dents en fil de fer solide espacées d'environ trois ou quatre pouces, et que les dents de celui de derrière soient ajustées de manière à être exactement au centre des espaces laissés ouverts par le premier. un; la deuxième rangée de dents, ou la plus postérieure, doit être à un pouce et demi en arrière de la première, les deux ne formant qu'un seul instrument. Dessinez-le à travers la couleur semblable à un peigne, de gauche à droite, mais avec un mouvement ondulatoire ou de bascule, juste suffisant pour que le haut de la vague la plus en arrière attrape ou touche le bas de la vague la plus en avant, ce qui signifie qu'il sera produire une apparence uniforme sur toute la feuille, quelque chose qui ressemble à des carrés irréguliers.

Il existe d'autres motifs du même genre, réalisés sans petite tache blanche, et le même dessin est parfois travaillé sur un marbre français, mais ceux-ci ne nécessitent aucune explication supplémentaire. Nous arrivons maintenant à

N° 27.— BRITANNIQUE .

Le modèle ainsi appelé n'est en aucun cas facile à exécuter, car il nécessite une quantité considérable de jugement pour maintenir une certaine uniformité. Certains modèles britanniques sont réalisés avec et d'autres sans veines. Ils nécessitent une auge double de la longueur du papier, car il est traîné ou poussé d'un bout à l'autre de l'auge de la même manière que la traînée espagnole (n° 20 ;) et la taille ou la préparation doit être la même. quant à ce genre de travail. Un bon motif peut être constitué d'une seule couleur , à savoir : le noir. La couleur de cette description de marbrure sera d'autant meilleure qu'elle sera mélangée et bien agitée quelques jours environ avant son emploi, afin de devenir moelleuse pour le travail. Deux bocaux ou pots et une grande assiette commune seront nécessaires. Mélangez la couleur dans un des pots, comme pour une espagnole ordinaire, mais avec moins de fiel ; puis versez-en un peu dans l'autre pot, et ajoutez-y une quantité considérable de fiel et d'eau, de manière à le rendre très liquide et fort ; versez maintenant une petite quantité de couleur forte (environ une cuillère à café) sur l'assiette, et, en retirant le pinceau de la couleur plus épaisse et en le pressant fortement sur l'assiette, prenez avec lui une partie de la couleur forte et procédez à saupoudrez-en rapidement partout dans l'auge. Les taches sombres et claires tomberont ensemble, se mélangeant les unes aux autres et produisant cet effet panaché caractéristique du motif. Posez sur le papier de la même manière que pour le drag espagnol. Le marron, le vert et les autres couleurs se font de la même manière ; mais les couleurs doivent être douces et le papier doux, sinon ils ont tendance à s'écouler.

N° 28.— NÉERLANDAIS .

Le modèle actuellement considéré est l'un des modèles les plus anciens et en même temps les plus difficiles, et est exécuté par un processus très différent de l'un des précédents. A l'examen de ce motif, on s'aperçoit que les couleurs ne sont pas dispersées ici et là de manière indistincte, mais se suivent, selon une sorte de succession régulière, dans une direction diagonale à travers la feuille, le rouge étant la couleur prépondérante . Pour bien réaliser cela, les couleurs doivent être particulièrement bien broyées, et de première qualité. Il faut les mélanger quelques jours avant utilisation. Il sera inutile d'espérer un résultat satisfaisant avec des matériaux de qualité inférieure ou mal préparés.

Pour réaliser ce modèle, il faudra un certain nombre de petites boîtes ou pots, d'un pouce et demi de largeur et à peu près de la même profondeur, ou deux pouces. Il faudra également deux cadres de la taille du papier, contenant des chevilles en bois, légèrement effilées, d'environ un quart de pouce d'épaisseur, et fixées à environ trois pouces l'une de l'autre, à des distances régulières, sur toute l'étendue de l'espace requis. Les couleurs seront d'autant meilleures pour ce genre de travail qu'on y ajoutera un peu d'alcool de vin. A cette exception près, les couleurs ne nécessiteront aucun traitement différent de celui des nonpareil.

Mélangez chacune des couleurs dans un grand pichet muni d'un bec verseur, afin de pouvoir les verser dans les petits pots mentionnés ci-dessus. Les couleurs requises seront le rouge, le jaune, le vert, le bleu et le blanc. Les deux cadres de piquets doivent être exactement identiques. L'un doit être une copie exacte de l'autre.

Après avoir mélangé les couleurs et les avoir essayées en laissant tomber un peu de chacune sur la solution dans l'auge, remplissez de couleur autant de petits pots qu'il y a de piquets sur le cadre, et disposez-les à environ trois pouces l'un de l'autre, de manière à ce que les piquets dans les cadres peuvent tomber au centre de chaque pot et, une fois soulevés (ce qui nécessitera une grande prudence), ils transmettront une grosse goutte de couleur sur chaque piquet, avec laquelle la surface de la taille doit être touché doucement et uniformément, en prenant soin de ne pas les enfoncer trop profondément, mais en étant en même temps bien sûr qu'ils touchent tous la taille. Les boîtes ou pots de couleur doivent être disposés comme dans le schéma suivant, à environ trois pouces de distance :

g	Oui	g	Oui	g	Oui	g
Oui	B	Oui	B	Oui	B	Oui
g	Oui	g	Oui	g	Oui	g
Oui	B	Oui	B	Oui	B	Oui
g	Oui	g	Oui	g	Oui	g

G pour vert, Y pour jaune et B pour bleu. Remplissez ensuite le même nombre de boîtes ou de pots avec du blanc, qui doit être composé de terre à pipe moulue et préparée comme les autres couleurs , et disposez-les exactement de la même manière, en utilisant le deuxième ou le double cadre de piquets.

Après avoir disposé tout cela, commencez les opérations en écumant d'abord la taille (qui doit être composée uniquement de gomme adragante), puis recouvrez bien toute la surface de rouge, qui doit être abondamment jeté avec un pinceau. Soulevez ensuite avec précaution le premier cadre posé dans les pots des trois couleurs , en lui donnant un léger mouvement de rotation, de manière à remuer les couleurs , qui se déposeront bientôt, en prenant soin de ne pas les bouleverser. Laissez une goutte de chaque piquet toucher la surface du rouge sur la taille, puis prenez rapidement celle avec le blanc et déposez-la juste au centre des taches déjà placées sur l'auge ; prenez ensuite un morceau de bois arrondi et effilé (un manche de pinceau est aussi bon qu'un autre) et passez-le de haut en bas à travers les couleurs telles qu'elles sont maintenant disposées dans l'auge, d'avant en arrière, à des distances régulières, jusqu'à ce que toute l'étendue du creux a été parcourue ; passez ensuite le peigne de gauche à droite et posez-le sur le papier.

Dès que vous l'avez suspendu, versez dessus, à partir d'une carafe avec un bec verseur, environ une pinte d'eau claire, pour enlever la couleur et la gomme qui se détachent et lui donner un aspect propre et brillant, après quoi, une fois sec, il il faudra le dimensionner avant de pouvoir être bruni.

Lorsque des boucles sont nécessaires, il sera nécessaire d'avoir un troisième cadre, avec autant de piquets que nécessaire pour les boucles sur la feuille de papier.

N° 29.— NÉERLANDAIS ANTIQUE .

Cela se fait d'une manière différente de n'importe lequel des processus décrits jusqu'à présent. Les couleurs utilisées pour ce genre de travail doivent être de première qualité, et doivent être broyées avec de l'alcool de vin ou du gin extra fort, et mélangées avec celui-ci et un peu de fiel , juste assez pour les faire flotter et se répandre dans le sol. mesure requise. Au lieu de pinceaux, placez un morceau de bois effilé, de l'épaisseur d'un petit doigt, dans chaque pot de couleur (de petits pots feront l'affaire, capables de contenir environ une tasse de thé pleine.) Les couleurs requises sont le rouge, l'orange, bleu et vert. Le rouge doit être le meilleur lac écarlate ; le plomb orange, orange ; le bleu, l'outremer et l'indigo ; et le vert, l'indigo et le rose hollandais. Ceux-ci doivent être broyés et mélangés, comme indiqué précédemment, jusqu'à obtenir la consistance d'une crème. Le lac doit être broyé un jour et les autres couleurs quelques jours avant utilisation et maintenu humide. La gomme devra être utilisée plus épaisse pour ce travail que pour tout autre. Ayant tout prêt, prenez un pot de couleur dans la main gauche, et avec la droite, appliquez la couleur avec un morceau de bois ou avec une plume, en bandes inclinées, comme celles que fait un écolier en apprenant. pour écrire. Commencez par le rouge et faites deux traits presque ensemble, en laissant un petit espace libre, puis en faisant deux autres, et ainsi de suite, jusqu'à ce que l'étendue requise soit dépassée. Prenez ensuite l'orange et faites une bande entre les deux bandes rouges ; puis remplissez l'espace plus large avec une bande verte et une bande bleue. Peut-être que ce qui suit pourrait illustrer plus clairement l' ordre dans lequel les couleurs doivent être disposées sur l'auge : -

G B R O R G B R O R G B R O R G B R O R G B

Comme dans le premier cas, les lettres initiales signifient les couleurs . Passez le peigne et le motif est terminé.

BORDS.

Les motifs des bords sont réalisés de la même manière que ceux du papier ; et ayant déjà consacré tant d'espace à ce bel art, jusqu'ici confiné à quelques-uns, il serait inutile de répéter les procédés. Pourtant, il y a certaines choses concernant les bords que tout bon marbreur devrait comprendre. Lorsque des planches sont intercalées dans un livre avec la presse typographique, le marbrage nécessitera un soin particulier, sinon la couleur et la taille s'infiltreront et gâcheront l'apparence des planches. Pour éviter cela, gardez le livre bien comprimé, et là où les planches se trouvent seulement au début du livre, posez-le, une fois marbré, le début vers le haut. Pour les bords, vous pouvez utiliser un creux plus petit, ainsi qu'une quantité de couleur plus petite que pour le papier. Il vaudrait mieux que la solution à adopter soit la gomme adragante seule. Les couleurs des bords seront d'autant plus vives grâce à l'ajout d'alcool, de spiritueux de vin ou de whisky ; mais ils s'évaporeront plus rapidement. Ayant tout prêt, prenez le livre, ou, s'il y en a plus d'un, autant que vous parvenez à le tenir fermement, avec le dos dans la main droite et le bord avant dans la gauche, et laissez-les toucher la couleur. , le dos en premier, en leur permettant de descendre progressivement jusqu'à ce que toute l'extrémité soit couverte ; mais faites très attention à ce qu'aucun élément de taille ou de couleur ne dépasse le bord avant, ce qui pourrait se produire s'il était plongé trop profondément, et laisserait une marque disgracieuse et défigurerait grandement le livre. En faisant l'avant-bord, le débutant ferait mieux de placer le volume entre deux planches à découper, et, après avoir jeté le rond, de retourner les planches et de procéder comme pour la fin ; une fois terminé, essuyez l'encollage superflu des planches avec une éponge, remettez les planches à leur place et laissez sécher le volume.

VITRAGE OU BRUNIRAGE.

Les feuilles de papier sont brunies par une machine construite à cet effet. Un silex à face lisse est fixé dans un bloc de bois dans lequel est insérée une extrémité d'un poteau d'environ cinq pieds de longueur, l'autre extrémité étant attachée et travaillant dans une cavité dans un tremplin fixé au-dessus, lui permettant de travailler en avant et en arrière sur une planche creusée à cet effet. Le papier est déplacé sur la planche, et le frottement du silex en passant et venant sur la surface du papier produit un poli élevé. Parfois, le papier est calandré au moyen de cylindres à friction, méthode supérieure.

PEIGNES.

Ceux-ci sont fabriqués de diverses manières, certains étant travaillés sur le dessus de l'auge et appelés peignes supérieurs, d'autres étant travaillés en posant les pointes au fond de l'auge et appelés peignes inférieurs. La meilleure chose pour les fabriquer est du fil de laiton. Le peigne pour les petites sans pareil doit avoir de douze à quatorze dents par pouce, pour la deuxième taille huit, et pour les grandes quatre.

DIMENSIONNEMENT DU PAPIER.

Il est parfois nécessaire d'encoller le papier après marbrure. La manière de faire la taille est la suivante : — Prenez deux livres du meilleur savon blanc, mettez-le dans un grand cuivre avec environ vingt gallons d'eau ; quand il est complètement dissous, ajoutez-y environ quatre livres de la meilleure colle, en gardant le tout constamment agité, pour empêcher le savon et la colle de brûler ; lorsque les deux sont complètement dissous, filtrez-le dans une cuve et une fois refroidi, il est prêt à l'emploi. S'il s'avère trop épais, ajoutez plus d'eau chaude. La meilleure façon d'encoller est de remplir une auge avec la liqueur et d'y déposer la surface marbrée du papier, puis de l'accrocher aux bâtons pour qu'elle sèche.

TISSU MARBRÉ BREVET.

Il s'agit d'un article récemment introduit et qui, dans certains milieux, rencontre une faveur considérable . Il n'en existe pas encore de manufactures dans ce pays. Il ne présente cependant aucun avantage par rapport au bon papier marbré et, pour l'extérieur, il n'est pas comparable au *papier D'Anonay* en termes de durabilité.

ADDENDA.

En quittant le sujet du marbrage, il n'y a que peu de choses à ajouter. Car, lorsque l'apprenant sera maître de tout ce que ce livre enseigne, il aura atteint une telle maîtrise de l'art qu'il n'aura plus besoin de rien d'autre en termes d'instruction. Si un nouveau motif apparaît, qu'il applique les principes qui régissent le mélange et la répartition des couleurs , et, avec l'aide de sa propre expérience, ses chances d'y parvenir seront aussi bonnes que celles de n'importe qui d'autre. Pour atteindre la maîtrise de cet art, que l'ouvrier se débarrasse des divers remèdes dont il a été mis en possession par les parties intéressées et s'abandonne avec assiduité aux directives ici énoncées. Ce qui est donné ici est le résultat de vingt-cinq années d'expérience réelle de CW Woolnough , de Londres, dont les marbres comptent parmi les plus belles productions de nos jours. Que donc l'ouvrier adhère aux instructions, et le succès final couronnera ses efforts. S'il y a des difficultés à obtenir l'un des articles décrits, ils peuvent être obtenus auprès de M. Charles Williams, n° 213 Arch St., Philadelphie. Les spécimens de papier marbré accompagnant ces pages illustrent les classes ou motifs importants de marbrure. Ils ont été exécutés par lui et montrent sa maîtrise de l'art.

BRUNISSAGE.

Les bords sont brunis en plaçant le volume ouvert, avec le bord avant entre les planches, semblables aux planches de support, dans la presse à poser, et en l'y vissant fermement ; puis, avec le brunissoir, frottez le bord fermement et intelligemment jusqu'à ce qu'il présente une surface uniformément brillante et exempte de toute bosse ou inégalité. Lorsque l'avant-bord est terminé, le volume doit être sorti de la presse, et la tête et la queue brunies de la même manière, les extrémités des planches reposant dans la rainure par les joints, les planches recouvertes du volume étant ouvertes. . Le veau commun, le mouton et la demi-reliure pourront être brunis avec les plats fermés, six ou huit ensemble, mais il faudra retarder le collage des pans sur ces derniers jusqu'après l'opération, pour éviter les risques de déchirure.

BORDS DORÉS.

Cette description du bord est le meilleur conservateur contre les blessures externes et l'humidité. Avant de poser l'or, l'ouvrier doit avoir en main les articles nécessaires pour former la base et faire adhérer l'or au bord. Le premier est un mélange de fût rouge ou craie et de plomb noir, bien broyé et réduit par l'eau jusqu'à consistance fluide, après y avoir ajouté quelques gouttes d'acide chlorhydrique ou vitriol. Le calibre utilisé par certains est fabriqué à partir du blanc d'un œuf dans cinq fois la quantité d'eau, bien battu ensemble ; mais celui le plus généralement utilisé est fabriqué à partir de copeaux de parchemin ou de vélin bouillis dans l'eau pour en extraire le gluten. Il est ensuite passé dans un morceau de mousseline fine et mis au frais. A froid, il est très facile de juger de sa solidité. Certains utilisent de la glace en été pour le refroidir, afin de tester sa résistance. S'il est trop fort ou épais, ajoutez de l'eau, puis réchauffez-le pour faire fondre la taille et permettre à l'eau de s'y incorporer. Devenir un bon doreur demande beaucoup de jugement, car chaque variété de papier nécessite un traitement différent. Aucune règle ne peut être établie qui réponde à tous les cas ; mais si l'ouvrier veut seulement prêter attention aux instructions données ici, faire preuve de patience et surtout réfléchir aux effets de ses opérations, le succès final sera certain. Les livres anglais sont fabriqués à partir de chiffons de lin et le papier est encollé. Ils dorent plus facilement et la tranche est plus belle que celle des livres américains. Ils ne nécessitent pas un format de dorure aussi résistant que les livres imprimés sur du papier en coton. Les livres imprimés dans ce pays sont généralement fabriqués à partir de chiffons de coton. Des quantités d'alun et de chaux sont employées pour blanchir la pâte, au grand dam de nombreux doreurs, qui ont découvert qu'une journée humide mettrait invariablement leur habileté et leur patience à l'épreuve. Les meilleures qualités du papier américain sont encollées ; la généralité, cependant, ne l'est pas. Pour déterminer si le papier est encollé ou non, appliquez dessus le bout de la langue ; s'il adhère à la langue, il n'est pas encollé, et il faudra par conséquent un encollage plus fort pour la dorure que s'il s'agissait de papier ensimé. Le risque de décomposition ou de transformation en eau du parchemin par temps chaud peut être entièrement neutralisé en ajoutant une très petite portion d'acide oxalique. Ayant tout prêt, mettez le livre dans la presse à poser, entre les planches à dorure, placées au même niveau que le devant du livre et les joues de la presse ; vissez le plus fermement possible avec la goupille à pression.

Commence alors l'opération la plus difficile, et dont dépend presque entièrement la beauté du bord, c'est celle du grattage. Cela se fait avec un grattoir en acier. Un morceau de lame de scie répond très bien à cet objectif. Après avoir été meulé d'équerre sur le bord et frotté parfaitement sur la pierre à huile, il est maintenu en ordre par un acier lisse. Le bord doit être gratté parfaitement lisse, afin de ne pas laisser apparaître les marques du couteau en coupe, ou du grattoir. Après cela, il faut le colorer légèrement avec le fût ou la craie, et le sécher immédiatement avec de fins copeaux de papier propres. Ce processus devra être répété trois fois ; on le polit ensuite bien avec l'agate, et, avec un crayon large et plat en poil de chameau, ou un morceau d'éponge douce, on applique une couche d'apprêt uniformément sur la surface.

L'or est ensuite découpé sur le coussin d'or à la taille requise. Un morceau de papier plus grand que le bord est tiré sur la tête de l'ouvrier, et par une légère pression sur le coussin l'or s'attachera au papier ; on le retourne ensuite, l'or vers le haut, (en ayant soin d'en avoir suffisamment sur le papier pour couvrir tout le bord), et on le pose sur la joue de la presse ; passez ensuite un crayon plat en poil de chameau, trempé dans de l'eau propre, uniformément sur le bord, et posez aussitôt sur l'or en reprenant le papier, en tournant l'or vers le bord, et en le présentant avec suffisamment de célérité pour ne pas laisser l'or couler. être tiré du papier par portions selon la taille. Pour bien faire cela, il faudra un peu de pratique et une main ferme. S'il y a des cassures dans l'or, d'autres portions doivent être appliquées et, si elles sont sèches, humidifiées avec de l'eau appliquée avec un crayon fin et posées sur l'or.

Une fois que le chant est entièrement sec, ce qui se produit généralement en une à deux heures, il faut le brunir. Pour cela, un brunisseur plat en pierre de sang est le meilleur, suivi ensuite d'une agate plate. Qu'il n'y ait aucune marque du brunisseur, mais n'épargnez aucun effort lors du brunissage pour avoir le bord parfaitement uniforme et clair. La tête et la queue du volume doivent être dorées avec la même précaution, le dos vers l'ouvrier. Les orientations qui précèdent découlent de l'expérience pratique de M. James Pawson, l'un des meilleurs doreurs de ce pays.

Si l'œuvre est d'une telle nature qu'il est désirable de lui donner le caractère de l'époque à laquelle le livre a été écrit, ou un degré supplémentaire de beauté et d'élégance, cette partie de l'ornement du livre peut être approfondie de la manière que nous allons maintenant décrire.

STYLE ANTIQUE.

Une fois le bord terminé comme indiqué ci-dessus et avant de le retirer de la presse, les ornements, tels que des fleurs ou des motifs dans des compartiments, doivent être estampés dessus de la manière suivante. Une couche d'encollage est passée rapidement avec beaucoup de précaution et de légèreté, et une seule fois par endroit, pour éviter de détacher de l'or. Une fois sec, frottez le bord le plus légèrement possible avec de l'huile de palme et recouvrez-le d'or d'une couleur différente du premier ; puis avec les outils utilisés pour dorer le cuir, réchauffés au feu, procéder à la formation des différents motifs en les imprimant fermement sur la tranche. L'or qui n'a pas été touché par les outils est ensuite effacé avec un coton propre, et il ne reste que les dessins imprimés par les outils, qui produisent un bel effet. Ce mode est cependant rarement utilisé aujourd'hui, bien que presque tous les livres de la reliure originale du XVIe siècle soient exécutés de cette manière.

DORURE SUR BORDS MARBRÉS.

Cette pointe, que le Dr Dibdin , dans son "Décaméron du bibliographe", appelle "le luxe même, le *nec plus ultra* de l' art bibliopégistique ", exige un grand soin et une grande expertise dans l'exécution. Les bords doivent être grattés avant de marbrer. Une fois que les bords ont été marbrés avec goût et non surchargés de couleur , le livre doit être mis sous presse et bien bruni comme indiqué précédemment. L'encollage doit ensuite être appliqué légèrement, pour éviter de perturber la couleur du marbre, ce qui aurait pour effet de détruire le bord, et l'or doit être immédiatement appliqué et fini comme pour les autres bords. Une fois sec, le marbre est perçu à travers l'or et présente un aspect d'une grande beauté.

DORURE SUR PAYSAGES, ETC.

Lorsque le bord est bien gratté et bruni, les feuilles du bord antérieur doivent être uniformément courbées de manière oblique, et dans cette position confinées par des planches étroitement liées de chaque côté, jusqu'à ce qu'un sujet y soit peint à l'aquarelle , selon à la fantaisie de l'opérateur. Une fois parfaitement sèches, détachez les planches et laissez les feuilles prendre leur place. Placer ensuite le volume dans la presse, déposer l'encollage et l'or, et, une fois sec, brunir. Le dessin ne sera pas apparent lorsque le volume sera fermé, à cause de l'or qui le recouvre ; mais quand les feuilles seront arrachées, on s'en apercevra facilement, la dorure disparaîtra, et un effet tout à fait unique se produira. Le temps et la main d'œuvre nécessaires rendent cette opération coûteuse, et elle est par conséquent très rarement réalisée. Il est cependant jugé nécessaire de décrire le procédé, car le goût ou les désirs de certains peuvent rendre nécessaire que l'ouvrier sache comment opérer.

Une fois le volume doré, il faut envelopper les tranches dans du papier propre, en collant les extrémités l'une sur l'autre, pour préserver les tranches des blessures dans les opérations ultérieures. Celui-ci est retiré lorsque le volume est terminé.

BORDS NOIRS.

Les livres de dévotion sont généralement reliés en cuir noir et, au lieu d'être dorés sur la tranche, noircis pour correspondre aux couvertures. Il faudra donc ici décrire le processus.

Mettez le livre dans la presse comme pour la dorure, et épongez-le avec de l'encre noire ; puis prenez du noir d'ivoire, du noir de fumée ou de l'antimoine, bien mélangés avec un peu de pâte, et frottez-le sur le bord avec le doigt ou la pointe de la main jusqu'à ce qu'il soit parfaitement noir et qu'un bon poli se produise, lorsqu'il doit être nettoyé. au pinceau, bruni et recouvert de papier.

colorées , pour être belles, doivent être grattées de la même manière que pour la dorure. Appliquer la couleur uniformément et produire un brillant élevé nécessite plus de travail que la dorure. Ils sont donc tout aussi chers. Après la coloration ou la dorure des bords, le processus suivant consiste à fixer le

REGISTRE,

Pour ce faire, le dos, près de la tête, est légèrement touché avec de la colle, et on y appose une extrémité d'un morceau de ruban proportionné au volume. Les feuilles sont ouvertes et l'autre partie du ruban placée entre les feuilles ; la partie destinée à pendre en bas étant retournée jusqu'à ce que le livre soit terminé, pour éviter qu'il ne soit sali.

BANDEAUX.

Le bandeau est un ornement en fil ou en soie, de différentes couleurs , placé en tête et en queue d' un livre sur le bord du dos, et sert à soutenir la partie de la couverture dépassant au-dessus en raison des carrés des planches. donnant au volume un aspect plus fini. On verra ainsi que le bandeau doit être égal au carré prévu pour les planches. Pour les travaux courants, le bandeau est fait de mousseline collée sur de la ficelle ; mais pour un travail supplémentaire et des volumes exigeant une plus grande durabilité, il est fait de planches minces et de parchemin collés ensemble et découpés en bandes de la largeur requise. Ces bandeaux plats produisent un bien meilleur effet que les bandeaux ronds.

Il existe deux sortes de bandeaux, à savoir : simples et doubles. Pour les travaux ordinaires, on utilise du tissu collé autour de la bande, ou du fil commun ; en supplément, de la soie et parfois du fil d'or et d'argent. Si le volume est petit, on le place, les planches fermées et rabattues jusqu'au bord, entre les genoux ; ou, s'il est plus grand, placé à l'extrémité de la presse à poser, avec le bord antérieur dépassant vers le corps de l'ouvrière. (Les bandeaux sont généralement portés par des femmes.)

BANDEAU UNIQUE.

Prenez deux longueurs de fil ou de soie, de couleurs différentes , en enfilez une dans une longue aiguille et nouez les extrémités des deux ensemble. Supposons que le rouge et le blanc aient été pris, le blanc attaché à l'aiguille, on le place dans le volume à cinq ou six feuillets du côté gauche, et on le fait ressortir par l'envers immédiatement sous le point de chaînette de la couture, et le fil tiré jusqu'à ce qu'il soit arrêté par le nœud, qui sera caché dans le drap ; l'aiguille est ensuite passée une seconde fois au même endroit ou à proximité, et, après avoir placé la bande préparée sous la boucle ainsi faite, le fil est tendu de manière à le maintenir fermement. Avant de placer la bande, il faut la plier avec les doigts jusqu'à la courbe du dos du livre. Le fil rouge est maintenant pris avec la main droite, et, en l'amenant de gauche à droite, croisé au-dessus du fil blanc, passé sous la bande, et ramené vers l'avant et attaché en passant dessus, de la même manière. façon, le fil blanc, en prenant soin que le cordon formé par ces croisements touche le bord du volume. En répétant ainsi alternativement l'opération, en croisant les deux fils et en passant chaque fois sous la bande qui est ainsi recouverte, il faut de temps en temps l'attacher au livre en insérant l'aiguille, comme indiqué précédemment, une fois en autant d'endroits que l'épaisseur du livre. le livre peut l'exiger, et en lui donnant une double pointure sur le côté droit en complétant la bande, en l'attachant au dos avec un nœud. Ces attaches confèrent de la fermeté au bandeau et au galbe exact du dos. Les deux côtés saillants de la bande doivent être coupés à proximité de la soie, en donnant à la bande une légère inclinaison vers le haut, pour éviter que l'ouvrage ne glisse avant d'être recouvert.

DOUBLE BANDEAU.

Ce bandeau est fait de soie de diverses couleurs , et diffère du simple, tant par le fait qu'il est composé de deux bandes, une grande et une petite, que par la manière de passer la soie. Il commence de la même manière que le single ; mais, quand les bandes sont attachées, la plus petite au-dessus de la plus grande, la soie rouge est prise avec la main droite et passée au-dessus de la blanche, sous la bande inférieure ou plus grande, sortie sous la bande supérieure ou petite, portée par-dessus, amenée à nouveau sur la grande bande, et la perle s'est formée, comme indiqué ci-dessus, près du bord du livre. La soie blanche est ensuite passée de la même manière, et ainsi de suite alternativement jusqu'à ce que le tout soit terminé.

BANDEAU OR ET ARGENT

Les deux simples et doubles sont réalisés comme ci-dessus, la seule différence étant l'utilisation de fil d'or ou d'argent. Il faut ici faire très attention en serrant le fil au niveau de la perle.

SERRE-TÊTE EN RUBAN.

Ce style varie peu de l'autre, le fil de même couleur n'étant passé que plusieurs fois autour, au lieu d'alterner avec l'autre, et faisant la perle à chaque tour, en ayant soin de ne pas remarquer le sous-fil, puis en passant le fil. autre couleur , de la même manière, autant de fois ou plus que la première. Cela produira une bande – d'où son nom – ayant l'apparence de rubans étroits de différentes couleurs . Trois couleurs ou plus peuvent être utilisées dans un motif.

COUVRANT.

Les peaux préparées pour la reliure sont habillées d'une manière particulière. Ils sont doux et d'épaisseur égale partout. La découpe des couvertures est une opération importante, car, en y prêtant attention, on peut réaliser beaucoup d'économies . A cet effet , il faut faire des modèles en carton de toutes les tailles de livres, et placer ceux qui sont nécessaires sur la peau, en les tournant dans tous les sens, de manière à obtenir le plus grand nombre de pièces possible, en laissant environ un pouce de tour pour le parage et Retourner. Si les livres sont de même dimension, un volume pris par le devant et les planches ouvertes sur le cuir permettra à l'ouvrier de juger avec précision la manière la plus avantageuse de couper. Les pièces étroites, etc. laissé sur les côtés fera l'affaire pour le dos et les coins des ouvrages à moitié reliés. Le cuir doit être découpé à sec, sauf le cuir de Russie qui doit être bien imbibé d'eau tiède en prenant soin d'éviter le froissement. Il faudra également qu'il soit bien frotté sur une dalle de marbre avec le dossier. Si le russie est correctement grainé dans la peau, il ne nécessitera pas de mouillage ou de frottement.

Chaque couverture doit être parée sur les bords avec un long couteau, appelé couteau d'office ; et il faut beaucoup de soin et d'habileté pour bien le faire. Les relieurs français se servent à cet effet d'un couteau assez semblable à un ciseau, et il faut avouer que leurs reliures surpassent sous ce rapport celles de tout autre pays. Il est impossible de déterminer le point précis à partir duquel commence le parage. La déclinaison est si progressive qu'elle ne peut être perçue. Pour illustration de ce fait, il existe un exemplaire de Bauzonnet en possession d'un connaisseur de cette ville, recouvert de maroquin du Levant très épais , avec un joint de la même matière, et l'intérieur de la planche doublé de maroquin , faisant ainsi trois pièces différentes. Et l' association est si exquise que, sans les couleurs , il serait impossible de dire où elles se rejoignent. Tout l'intérieur du plateau est aussi plat qu'un morceau de marbre poli.

Quelle que soit la substance ou le matériau dont un livre est recouvert, les manipulations sont les mêmes. On l'encolle bien au pinceau et on le pose sur le volume de la même manière, en ayant soin de préserver des taches celles qui sont coûteuses et délicates, notamment le maroquin et le veau. La couverture doit être placée sur une planche, et le côté de la peau qui doit être appliqué sur le volume doit être bien et uniformément collé sur la surface, en ne laissant que ce qui est nécessaire pour la faire adhérer. La couverture étant ensuite posée sur une table ou sur une planche propre et fraisée, le volume est pris dans les mains, les carrés de tête et de queue également ajustés, et placé sur le côté le plus proche de celui-ci, dans une position telle que le dos du volume , qui vient de l'ouvrier, sera au milieu. La partie la plus éloignée est ensuite ramenée de l'autre côté, en prenant soin de ne pas déranger les carrés. La couverture, qui dépasse maintenant d'un pouce tout autour du volume, est tirée fermement sur le dos avec les mains ouvertes, en tournant la partie saillante de la couverture vers l'extérieur et en posant le livre sur le bord avant, en travaillant en même temps le cuir. de telle manière qu'il adhère étroitement aux côtés des bandes surélevées ainsi qu'au dos. Une bande carrée, avec le cuir ajusté étroitement et uniformément à l'arrière de chaque côté de la bande, est un excellent objectif à atteindre, et tout ce qui en manque est un flou sur la reliure. Après que le dos ait été suffisamment manipulé, posez le couvercle parfaitement lisse sur chaque face, puis ouvrez les planches et posez-en une sur la pierre à éplucher, et passez le couteau d'office entre la planche et le couvercle en diagonale sur le coin de ce dernier, de telle manière que, lorsque le cuir est retourné, un bord se replie simplement sur l'autre ; retournez le livre et procédez de la même manière sur les autres coins.

Il faut ensuite retourner la couverture en tête et en queue du livre, en la prenant par le bord avant et en la plaçant debout sur la table, les planches étendues, et avec les mains, une de chaque côté, en repoussant légèrement la couverture. planches près du bandeau, et repliez la couverture sur et vers l'arrière avec les pouces, en la tirant vers l'intérieur de manière à ce qu'aucun pli ou pli ne soit visible. Après avoir retourné le couvercle sur toute la longueur des planches, il faut tourner et actionner le volume par le bas de la même manière. Le volume est ensuite posé à plat sur un côté, et la couverture retournée sur le bord antérieur de l'autre, les coins étant fixés à l'aide de l'ongle du pouce et du dossier aussi proprement que possible ; la même opération est répétée de l'autre côté. Tout dérangement de l'équerre des planches ayant pu intervenir en recouvrement doit également être rectifié.

Le réglage du bandeau est l'opération suivante, qui est très importante pour la beauté de la reliure, en formant proprement une sorte de capuchon sur le bandeau travaillé de cuir dépassant sur le dos un peu au-dessus d'une ligne droite partant du carré d'un. bord à l'autre. Avec un petit dossier lisse, dont une extrémité un peu pointue, il faut frotter le double pli du cuir pour le faire adhérer, et, si les planches ont été coupées dans les coins, appliquer la main dessus, et enfin forcer la fermeture du bandeau. au cuir, en le maintenant même sur le dos avec le doigt, et en formant un joli capuchon de la partie saillante sur le dessus de celui-ci. Le dossier est ensuite appliqué sur les bords des planches, pour leur donner un aspect carré et faire adhérer le cuir. Une planche est ensuite rejetée, le dossier placé dans le sens de la longueur le long du joint ou de la rainure, en le tenant fermement par la main droite ; la planche est ensuite doucement poussée par la main gauche jusqu'à ce qu'elle dépasse légèrement à l'intérieur ou au-dessus du joint. De là dépend la liberté et la régularité du joint, une des caractéristiques les plus charmantes d'un livre bien relié. Après que cette opération ait été effectuée sur les deux planches, les bandeaux nécessiteront à nouveau une attention particulière ; et, pour les fixer fermement, passez un morceau de fil à coudre autour du livre entre le dos et les planches, et, une fois noué, manipulez la tête comme auparavant, de manière à la rendre parfaitement carrée et à égalité avec le planches et dos.

Le volume est frotté le long des bandes, puis mis de côté jusqu'à ce qu'il soit presque sec, lorsque le fil est retiré et les planches remises en place dans le joint.

Si le livre a été cousu sur des bandes, ou si les bandes artificielles sont grandes, il est quelquefois nécessaire, pour faire adhérer le cuir au dos, de ficeler le volume , ce qui se fait en plaçant une planche plus longue que la livre, de chaque côté, dépassant légèrement du bord avant, et les attachant fermement avec une corde d'un bout à l'autre. Puis, avec un cordon plus petit, le cuir est confiné sur les côtés des bandes, en croisant le fil. Par exemple : supposons que le livre ait trois bandes, une vers la tête, une vers la queue et l'autre au milieu ; le livre serait pris dans la main gauche, la tête vers le haut, la corde à l'aide d'un nœud coulant passerait près de l'intérieur de la bande la plus proche de la queue et serait tendue, puis portée à nouveau et rapprochée de l'autre côté. . La corde, tendue, est ainsi croisée de l'autre côté du volume, et la bande maintenue entre celui-ci. La corde est de la même manière portée aux deuxième et troisième bandes, attachée, et le tout mis d'équerre avec le dossier. On le comprendra mieux grâce à la gravure suivante.

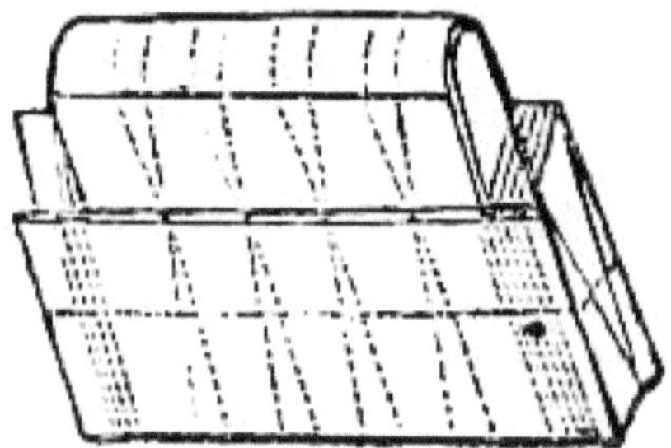

Pour le maroquin et les livres en d'autres matières, n'ayant que de petites bandes, on n'a pas recours au liage, étant généralement frotté étroitement avec le dossier ou un bâton de boîte à cet effet. Les ouvrages anciens comportant des bandes hautes et étroites doivent avoir le cuir bien travaillé entre les bandes à la main, puis les bandes doivent être comprimées par les pinces à bande. Mais pour le maroquin , où la beauté du grain est susceptible d'être détruite, il faut y apporter une grande prudence, car la moindre marque ou égratignure est indélébile.

Quelques observations ne doivent pas être omises relativement au maroquin , au velours, à la soie et au veau de couleur , qui, de par leur nature, exigent la plus grande propreté pour éviter les taches et les altérations des couleurs . Les couvertures de la première description ne doivent pas être tirées trop serrées ou frottées avec le dossier, car le grain ou le motif du matériau serait ainsi détruit ; et des précautions supplémentaires doivent être prises avec le veau coloré pour éviter tout dommage. Il faut les enfiler avec les mains de chaque côté en même temps. La table doit être recouverte d'une dalle de marbre et les mains parfaitement propres. La soie doit être préparée préalablement en collant un morceau de papier dessus, et laissée sécher, de sorte que, une fois collée pour la recouvrir, l'humidité n'altère pas son aspect. Le velours nécessitera beaucoup de soin, car sa texture particulière nécessite de le frotter dans un seul sens pour le recouvrir. Pour cette raison, après avoir constaté la direction du *poil*, le dos du livre est collé et posé dessus et dessiné en douceur ; puis les côtés sont collés de la même manière, puis les bords sont retournés. Ce procédé fait que le tout reste parfaitement lisse, ce que le velours ne ferait pas s'il était tiré d'une manière contraire au fil ou au poil, ou si la colle était appliquée. au velours.

DEMI-reliure.

La demi-reliure, ainsi appelée parce que les dos et les coins sont uniquement recouverts de cuir, est devenue tellement en vogue qu'on peut désormais dire qu'elle est le style de reliure préféré . Il n'y a pas lieu de s'étonner de cela ; car, tout en combinant économie et durabilité, il peut également être conçu pour présenter une grande propreté. Cependant, pour ce faire, il faut plus de soin et d'habileté pour éplucher le dos et les coins que ce qui est généralement nécessaire pour une reliure complète. La transition du maroquin épais au papier utilisé sur les côtés peut être rendue presque imperceptible au toucher par un usage habile du couteau d'office ou du ciseau. Les directives générales de revêtement seront suffisantes pour la classe de travail considérée. Une fois le dos écrit ou terminé, les coins peuvent ensuite être posés ; et, après avoir soigneusement marqué et découpé le papier choisi à cet effet, les côtés doivent être soigneusement collés et apposés sur les planches, en ayant une saillie suffisante pour tourner à l'intérieur de la planche suffisamment loin pour être recouverts par les pages de garde. La largeur du dos doit être fonction de la taille du volume. Un dos étroit donne un aspect très maigre à un livre. La taille des coins doit être déterminée par la largeur du dos. Les pages de garde sont contrecollées et l'ouvrage terminé de la même manière que celle qui sera indiquée pour la reliure en général. La couleur du papier utilisé pour les côtés doit s'harmoniser avec la couleur du cuir. Les Anglais préfèrent généralement que le papier intérieur, les bords et le papier extérieur soient assortis ; et il faut avouer que, lorsque le papier est de bonne qualité et que les bords correspondent, l'effet est extrêmement bon. Les Français utilisent généralement une teinte claire de papier marbré pour l'intérieur et une teinte plus foncée pour l'extérieur. Pour la durabilité en tant que papier extérieur, il n'y a rien d'égal au *papier d' Anonay* , le vélin étant l'un de ses composants. Il existe de cet article de nombreuses imitations sans valeur, mais qui pourtant, en apparence extérieure, sont bien faites pour tromper. L'article réel s'usera ainsi que le maroquin utilisé pour le dos et les coins. La meilleure classe de demi-reliure pour les amateurs est le style Font Hill, demi-maroquin , de la meilleure qualité ; feuilles non coupées, de manière à préserver l'intégrité de la marge ; doré sur le bord supérieur, comme protection contre la poussière ; doublé du meilleur papier anglais ; bandeaux en soie travaillée; papier extérieur pour harmoniser avec le dos ; pas de dorure au dos sauf le lettrage. Ce style nécessite des soins supplémentaires dans l'acheminement et le recouvrement, car le moindre défaut dans ces détails ne peut être corrigé par le finisseur. Dans d'autres reliures, l'éclat de la dorure sert souvent à dissimuler ou à attirer le regard sur les parties de la reliure qu'un ouvrier qualifierait de « bâclées ».

Les livres non coupés sont découpés selon une ligne générale avec un grand couteau, semblable à un couteau de boucher, avant d'être collés. Ce sont les favoris des collectionneurs de livres. Une copie non coupée d'une œuvre rare coûtera toujours plus cher qu'une copie recadrée.

RELIURE PAPETERIE OU VÉLIN.

Cette branche de l'art de la reliure, dans les grandes villes, est une affaire distincte, et présente quelques différences dans la manière de procéder dans plusieurs des manipulations requises. Ceux-ci, comme dans les parties précédentes de l'ouvrage, seront minutieusement écrits pour l'instruction du jeune ouvrier, tandis que ceux qui sont exécutés de la même manière que celui indiqué pour les livres imprimés seront simplement mentionnés dans l'ordre dans lequel ils seront requis. être exécuté.

La reliure de papeterie comprend toutes les descriptions de livres papier, depuis le *Mémorandum* , qui est simplement recouvert de papier marbré, jusqu'au livre le plus solide et le plus minutieusement relié utilisé dans le comptoir du commerçant et du banquier. Parmi les reliures les plus simples et les plus communes, il ne sera pas nécessaire d'entrer dans des détails minutieux, la procédure étant la même que pour les autres, en omettant seulement les opérations plus coûteuses, le prix permettant de les lier d'une manière plus simple . La première procédure, si les travaux l'exigent, sera la

DÉCISION.

Ceci est fait par une machine. Autrefois, cela se faisait à la main. Une fois les plumes correctement ajustées, le papier à lisser est placé sur la table devant la machine à lisser et les rouleaux sont mis en mouvement. La feuille est attrapée et passée sous les stylos. Il est ensuite porté par le tissu et les cordes et rangé pour laisser la place à un autre. Les modèles les plus élaborés peuvent être exécutés sur la machine à règles.

Bien que le gouvernement automatique ait presque entièrement remplacé l'ancien processus de gouvernement manuel, une brève description du processus peut néanmoins ne pas être inacceptable pour certains.

Le papier, que l'on se procure généralement chez les grossistes en papeterie lignés de lignes bleues, doit être ouvert en cassant l'envers du pli, et replié également en petites sections. Le motif des lignes rouges étant placé devant, le tout doit être rabattu uniformément en arrière et en tête, mis entre les planches, le dessus du papier en saillie, et vissé dans la presse à pose. Ensuite, avec la scie, faites scier sur l'ensemble les marques de l'encre rouge sur le motif, ce qui désignera les emplacements des lignes sur les pages de droite tout au long du livre. De la même manière, en plaçant le motif sur l'autre face et en sciant le bas du papier, on indiquera les marques des pages de gauche. Il faut veiller à laisser un espace plus grand sur le bord avant pour permettre la coupe. Si un titre est nécessaire, il doit être marqué de la même manière sur le bord avant du papier. Ceci fait, rouvrez l'ensemble des sections et, avec une règle ronde et un stylo en fer blanc, procédez à régler l'ensemble des titres sur une face du papier. Ceci, ainsi que toute division de $ cts ., ou autre colonne distincte, doit être réglé en double, aussi près que possible, en prenant soin que les deux soient distinctes et qu'elles ne se croisent pas. Le titre étant complété d'un côté, retournez tout le papier et opérez de la même manière de l'autre. Puis, en tournant le papier, de manière à avoir les titres à gauche, procédez à la règle des colonnes marquées pour la *date* , *le montant* , etc. , en prenant particulièrement soin que la plume commence toujours par le trait de tête, et qu'elle ne se retranche jamais sur l'espace du dessus, ce qui défigurerait l'ouvrage. Quant au titre, ici, tout un côté du papier doit être terminé avant de commencer l'autre, en veillant à ce que chaque ligne soit perpendiculaire, claire et aussi uniforme en couleur que possible.

La coupe de la page suivante représente une machine à imprimer les chiffres sur l'en-tête des pages, autrefois faite par le comptable avec une plume ; mais aujourd'hui, aucune reliure vierge n'est considérée comme complète sans une machine de radiomessagerie. Ces machines sont fabriquées par H. Griffin, New York. Les feuilles sont paginées par cette machine avant d'être cousues ensemble. Il existe d'autres machines en usage qui feuillettent les feuillets une fois le volume relié, la principale objection à laquelle semble être la possibilité de salir ou d'endommager autrement la reliure ; néanmoins, certains relieurs leur donnent la préférence. Ceux qui ont utilisé les machines de M. Griffin en parlent dans les termes les plus élogieux.

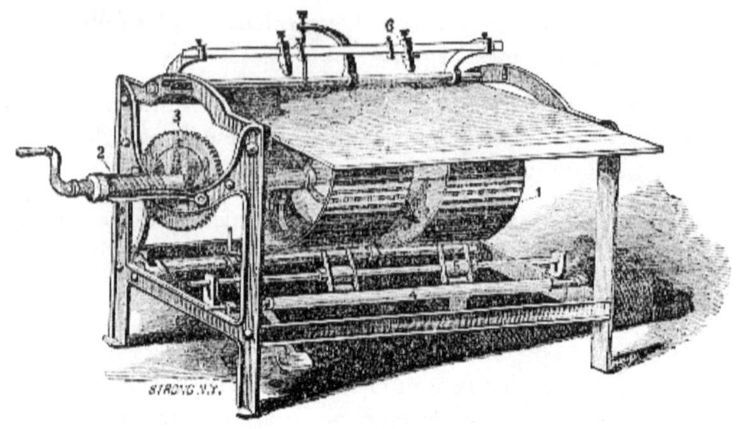

ENCRES.

Pour donner à l'ouvrage le meilleur effet, il faudra être muni de bonnes encres, et, étant lié au sujet, sont jointes quelques reçus pour leur préparation.

ENCRE ROUGE.

Mélangez ensemble un quart de livre de poussière du Brésil, un quart d'once de cochenille, un petit morceau de sucre en morceaux et deux litres de vinaigre : laissez infuser dix heures, puis faites-les bouillir à feu doux jusqu'à obtention d'une bonne couleur rouge . Une fois réglée, filtrez l'encre à travers un morceau de coton fin et mettez-la en bouteille pour l'utiliser.

UN AUTRE.

Faire bouillir dans un litre d'eau douce un quart de livre de poussière du Brésil ; une fois bouilli, ajoutez une once d'alun moulu, une once de cristal de pierre blanche, faites bouillir pendant trois minutes et filtrez.

ENCRE BLEUE.

Une bonne encre bleue peut être obtenue en diffusant du bleu de Prusse ou de l'indigo à travers de l'eau de gomme forte. Les gâteaux d'aquarelle communs , diffusés également dans de l'eau de gomme, produiront un bleu assez bon pour les usages courants ; mais le bleu Dyer, dilué avec de l'eau, est préférable à l'un ou l'autre.

NOIR.

- livre de galles de noix, un quart de livre de sulfate de zinc (vitriol blanc), deux onces de gomme arabique et une poignée de sel. Faites bouillir les noix une demi-heure dans trois litres d'eau douce, puis rassemblez le tout et laissez reposer pour utilisation.

UN AUTRE.

Pour en faire une plus grande quantité, mettez dix gallons d'eau de pluie, cinq livres et quart de galles de noix bien écrasées, une livre et demie de copeaux de bois de campanule, la même quantité de cuivre et un quart de livre d'alun. Laissez-les reposer quelques jours, puis ajoutez deux onces de gomme arabique et une once et demie de vert-de-gris. Remuez bien le tout deux ou trois fois par jour pendant quinze jours ou trois semaines, et l'encre sera alors prête à l'emploi.

PLIANT.

Le tout étant réglé, il conviendra de plier le livre aux dimensions requises en sections pour la couture. Le nombre de feuilles dans chacune doit dépendre de l'épaisseur du papier et de la taille du livre, en prenant soin qu'il n'y en ait pas trop, au point de provoquer le démarrage des feuilles, ou si peu que le dos soit également gonflé. beaucoup par le fil. Placez ensuite le tout uniformément dans la presse pendant quelque temps, et préparez les pages de garde, qui doivent être en papier blanc et extérieur, à moins que l'ouvrage ne soit d' une description supérieure. Si des joints de cuir ou de tissu sont placés, il sera nécessaire de les coudre avec les pages de garde, comme indiqué précédemment.

COUTURE.

La couture de la papeterie diffère beaucoup de celle des livres imprimés. Pour permettre le plus de résistance, d'élasticité et de liberté possibles, ils sont cousus sur des lamelles de vélin sans être marqués à la scie, et sur toute la longueur de chaque feuille, avec du fil ciré. Pour les petits livres, deux feuillets suffiront ; pour un in-folio en format papier, il en faudra trois ; et, là où il est plus grand, le nombre doit être augmenté, selon la longueur du dos, en laissant un espace d'environ deux pouces entre chacun. Le plan exposé par *M. Lesne* (page 27) pourrait peut-être être adopté ici avec un travail fin et léger avec un grand avantage. Les feuillets doivent être coupés d'environ un pouce de large et d'une longueur suffisante pour s'étendre d'environ un pouce de chaque côté du dos. Cette partie étant pliée à une extrémité des feuillets, ceux-ci doivent être placés sous la page de garde sur la table aux endroits jugés appropriés, et la section cousue sur toute la longueur ; et ainsi suivi de chaque portion jusqu'à ce que le tout soit attaché de la même manière, en ayant soin que les feuillets conservent une position perpendiculaire et que le dos ne soit pas trop enflé. Si un joint de maroquin a été inséré, il doit être cousu avec de la soie forte de la même couleur . Une fois terminé, les pages de garde colorées , le cas échéant, doivent être collées et les première et dernière feuilles lignées doivent être attachées de la même manière aux pages de garde. En cas de joints, les mêmes précautions doivent être adoptées que précédemment indiquées. Le livre peut alors être battu même sur le dos et la tête, replacé dans la presse de pose, et collé, en travaillant bien le pinceau sur le dos, de manière à forcer la colle entre les sections.

COUPE.

Lorsque les extrémités et le dos seront secs, ce sera la prochaine opération. Ici, le bord avant doit être coupé en premier. Cela se fait avant de modifier la forme du livre, en faisant très attention à ce que le couteau soit uniformément traversant, afin que la colonne la plus proche du devant ne soit pas coupée trop près et soit parallèle au bord. Une fois retiré, le dos doit être arrondi avec le marteau, plus que pour les autres reliures, et replacé uniformément dans la presse debout. Après un peu de temps de repos , la tête et la queue doivent être coupées de la même manière, mais n'offrent aucune différence d'opération. Le livre sera maintenant prêt à colorer les bords, dont les processus ont déjà été décrits. En Angleterre, le gros marbre hollandais est généralement utilisé pour les travaux de papeterie.

EMBARQUEMENT.

La prochaine opération sera la préparation des planches pour les couvertures latérales, qui doivent être formées de deux ou trois fines planches fraisées collées ensemble. Ceux-ci doivent être coupés à la taille appropriée avec la charrue, de manière à laisser un bord parfaitement uniforme, et il faudra prévoir un carré plus grand que ce qui est habituel dans les livres imprimés. Une fois coupés, ils doivent être collés ensemble, en laissant, si le livre est lourd et les feuillets sur lesquels il est cousu épais, un espace au dos pour les y placer. Il faut maintenant que le livre soit bandé, et alors il sera propre. de renforcer le dos du livre en collant en travers, sur les espaces entre les feuillets, de solides morceaux de toile, et en tête et en queue un morceau de veau, laissant des saillies de chaque côté pour être fixés au carton. Pour plus de fermeté, il était autrefois d'usage, lorsque le travail était d'une qualité supérieure, de coudre toute la longueur du livre avec du boyau à dix ou quatorze endroits environ, selon l'épaisseur. Cela se fait en plaçant trois bandes de cuir fort dans les espaces entre celles du vélin, et en cousant comme au début, ce qui fait que le boyau, traversant le cuir et sous les glissades du vélin au dos, apparaît à l'intérieur sur les espaces où aucun fil n'est présent. est déjà passé. Pour l'ornement, un autre fil est torsadé autour du boyau au dos, de manière à présenter l'apparence d'un double cordon. Ces matières étant réglées, il faut laisser entrer les bouts de veau en tête et en queue en coupant l'extrémité des déchets de feuilles et en les plaçant dessous. Les autres planches, de toute espèce, après rognage, doivent ensuite être mises dans l'espace laissé entre les planches, qui doivent être préalablement bien collées ou collées, les planches placées à près d'un demi-pouce du dos, et parfaitement d'équerre sur les côtés, et le tout vissé fermement dans la presse pendant un certain temps.

LE RESSORT.

Il existe de nombreuses manières de former cette description du dos, et telles qu'elles sont généralement adoptées dans différents bureaux. Comme pour d'autres détails, deux ou trois des meilleurs seront donnés ici : 1. Après avoir vérifié la largeur et la longueur du dos et fourni un morceau de carton solide, ou une planche mince fraisée, d'un peu plus de deux fois la largeur, pliez un côté un peu plus de la moitié, puis l'autre, de sorte que l'espace central laissé ait la taille exacte requise, qui devrait être environ un quart de pouce plus large que le dos du livre ; puis coupez uniformément un autre morceau, un peu moins que la largeur, puis un autre encore moins, et ainsi de suite pendant six ou sept, en diminuant la largeur à chaque fois jusqu'à ce que le dernier ne soit qu'un morceau étroit. Que les bords du premier, ou la couverture du tout, soient coupés et posés ouverts sur la table ; puis collez l'espace du milieu, et placez dessus la plus grande barbotine, que l'on colle aussi, et ajoutez la suivante en grandeur, en procédant de même jusqu'à ce que la plus petite soit fixée, en prenant particulièrement soin que chacune occupe le centre exact de celle sur laquelle elle est mis. Enfin, collez tout l'espace ainsi que les deux glissades latérales du premier, qu'il faudra ramener et bien poncer. Façonnez-le à la courbe du dos du livre, soit sur le dos, soit sur un rouleau en bois de même taille, et laissez-le sécher, puis coupez la tête et la queue à la bonne longueur avec la cisaille. Pour plus de sécurité, l'ensemble est souvent recouvert d'une toile de lin.

2. Coupez un morceau de planche fraisée ferme à la taille requise et réduisez les bords ; puis maintenez la planche au feu jusqu'à ce qu'elle soit suffisamment molle pour lui donner presque n'importe quelle forme, et formez-la au dos comme indiqué ci-dessus. La planche est parfois mouillée, mais ne répond pas aussi bien.

3. Une plaque de fer battu aux dimensions exactes et recouverte de parchemin ou de cuir.

De nombreux brevets ont été obtenus pour cette description du dos, mais aucun n'a été trouvé pour répondre à cet objectif, en raison du métal coupant le parchemin ou le cuir.

Le retour élastique n'est utilisé que pour les livres de comptes de qualité supérieure ; pour les travaux courants, un morceau de carton fin est simplement posé sur le dos avant de le recouvrir, la contrainte sur le dos étant faible.

Pour éviter que le dos fabriqué ne glisse pendant l'opération de couverture, on le pose dessus et on colle dessus un morceau de tissu qui est fixé sur les côtés, à la manière du dos d'un livre à moitié relié. Cela tend également à renforcer matériellement le dos.

COUVRANT.

Les matériaux généralement utilisés pour la reliure de la papeterie sont la Russie , le veau brut, le vélin vert et blanc et le mouton brut, selon la valeur de l'ouvrage. Avant d'être collé sur du vélin, le livre doit être recouvert d'un morceau de papier fort, comme pour des planches. Le processus est le même que pour les autres liaisons ; mais une fois terminé, il sera nécessaire de mettre le livre dans la presse debout, en plaçant à cet effet des morceaux de canne ou de bois entre les planches et le dos, de manière à former une rainure audacieuse, et à forcer le cuir à se refermer sur le dos. bord du ressort de rappel. Avant et après le pressage, les bandeaux doivent être posés d'équerre en prenant soin d'effacer les plis qui auraient pu se former en tournant la housse. Si le livre est très grand, il peut être conseillé de le pincer dans la presse immédiatement après avoir plié les bords antérieurs des planches, puis de terminer la couverture en retournant la tête et la queue.

Comme les circonstances, telles que la fantaisie d'un ouvrier précédent, ou le vélin coloré qui ne peut pas être obtenu aussi tôt que nécessaire, peuvent rendre nécessaire l'exécution des couleurs appropriées , la procédure est donnée ici.

VERT.

Mettez une once de vert-de-gris et une once de vinaigre de vin blanc dans une bouteille et placez-les près du feu pendant cinq jours, en la secouant trois ou quatre fois par jour. Lavez le vélin avec du perlash faible, puis colorez -le selon la teinte souhaitée.

ROUGE.

Pour une pinte de vinaigre de vin blanc, mettez un quart de livre de poussière du Brésil et un morceau d'alun. Bouchez le mélange; laissez-le reposer dans un endroit chaud pendant deux ou trois jours.

VIOLET.

Procédez comme pour le *rouge* en remplaçant la poussière du Brésil par des copeaux de bois de bûche.

JAUNE.

Une demi-once de curcuma pour une demi-pinte d'alcool de vin, préparé comme ci-dessus.

NOIR.

Laver le vélin trois fois avec le rouge et, une fois mouillé, avec de l' encre marbrée forte.

Des billes et d'autres motifs peuvent être formés sur du vélin blanc ; mais, comme les débats ont été si complètement engagés auparavant, il ne sera pas nécessaire de les répéter ici. Là où les bandes russes ne sont pas ajoutées, les pages de garde doivent maintenant être collées, ainsi que les lettres, etc. procédé avec. Si des bandes sont fixées, l'encollage des gardes et des joints doit être différé jusqu'à leur exécution.

BANDES DE RUSSIE.

Pour donner aux gros livres le plus de solidité possible, il est d'usage d'y apposer des bandes russes. On les appelle *simples* lorsqu'ils s'étendent à mi-hauteur des côtés, et *doubles* lorsque ceux de la tête et de la queue atteignent les coins des planches et sont retournés sur les bords de la même manière que la couverture. Pour *célibataire* ; — après avoir constaté la largeur en divisant le dos avec le compas en *sept* espaces, coupez trois morceaux de russie parfaitement carrés et la dimension exacte des espaces qu'ils doivent occuper, et collez-les sur les *deuxième* , *quatrième* et *sixième* divisions . du dos, laissant ainsi visibles les premier, troisième, cinquième et septième espaces avec la couverture seulement ; dessinez-les bien sur les côtés, et placez le volume dans la presse, avec les tiges fixées pour forcer le russe dans les joints, comme indiqué précédemment, puis laissez sécher. Lorsque des bandes *doubles* doivent être placées sur un livre, divisez le dos en cinq espaces, ou sept si quatre bandes. La ou les bandes du milieu seront courtes, comme celles du dessus, et placées de la même manière ; mais ceux de la tête et de la queue, qui s'étendent sur toute leur longueur, jusqu'au bord avant des planches, nécessiteront un parage sur le bord destiné à être retourné au niveau des bandeaux et sur les planches du livre, en coupant les coins et en équarrissant. les bords comme en revêtement. Une fois terminé, pressez le tout avec des baguettes comme auparavant, pour que le russe adhère bien et uniformément au vélin ou au veau, et laissez sécher.

FERMOIRS, COINS ET FANDES DE LAITON.

Des fermoirs sont parfois apposés sur les meilleurs livres de papeterie, car les garder fermés lorsqu'ils ne sont pas utilisés contribue beaucoup à leur conservation. Et pour encore plus de sécurité, ils sont souvent protégés par des coins ou des bandes en laiton. Pour masquer la saillie que feraient les fermoirs sur le bord avant, cette partie de la planche doit être coupée pour admettre le fermoir, de sorte qu'une fois fixé, il soit au même niveau que le bord de la planche. Pour les coins et les bandes, cela n'est pas fait ; mais, pour assurer un aspect fini à l'ensemble, l'attention de l'ouvrier doit être dirigée sur leur ajustement exactement dans tous les détails de longueur, de largeur et d'épaisseur. Les fermoirs peuvent être achetés auprès des fabricants, mais il peut s'avérer nécessaire de confier la fabrication des bandes et des coins entre les mains du dinandier, à qui des instructions et des dimensions particulières doivent être données. Ils doivent être bien ajustés aux planches, être exactement parallèles aux bords et avoir les trous pour les rivets percés avant leur mise en place. Là où des coins sont posés, aucune bande ne sera nécessaire. Les bandes qui s'étendent de l'arrière vers l'avant et forment un coin égal à la largeur de la bande, étant carrément soudées devant, sont placées à la tête et à la queue du livre, et fixées avec des rivets de la manière suivante, comme sont aussi les fermoirs et les coins :—Percez les planches avec un passe-fil fin dans les endroits préalablement percés dans le laiton, et forcez à travers des rivets en laiton d'une longueur suffisante pour dépasser d'environ un huitième de pouce, et avec des têtes faites pour s'adapter exactement aux cavités formées dans les bandes ; puis fixez-les fermement, en plaçant les têtes de chacun sur un fer et en frappant avec un marteau la partie qui dépasse à l'intérieur, jusqu'à ce qu'elle soit lisse et égale à la surface. Les patrons qu'on voit fixés au milieu des planches des livres anciens, particulièrement des Bibles à reliure ancienne, etc., dans les églises, sont fixés de la même manière.

FINITION.

La disposition des lettres, la dorure et le façonnage à froid sont exactement les mêmes que pour les livres imprimés. Le veau brut doit être habillé de pierre ponce, nettoyé avec une brosse et orné à l'aveugle, avec les outils très chauds, pour former une impression sombre. Le vélin nécessitera des outils plus froids que le veau. Le livre maintenant prêt à l'usage du comptable clôture nécessairement les détails de cette description de la reliure.

EMBARQUEMENT.

Dans les grands endroits, il s'agit d'une autre branche distincte de l'art, qui consiste simplement à recouvrir le livre de papier de couleur ou d'une autre substance courante. Dans les petites villes, elle doit nécessairement être exécutée conjointement avec les autres branches ; mais les détails des diverses manipulations ont été si amples et minutieux dans une partie précédente de cet ouvrage, que, en tentant une description de L'EMBARQUEMENT , on ne peut pas dire grand-chose sans répétition. Ce style aussi, étant la manière la plus courante de confectionner des livres dans ce pays, place également le sujet, en toutes circonstances, dans une position qui n'appelle que peu de remarques. Avant donc de parler des quelques procédés particuliers au cartonnage, il suffira d'observer que le pliage, le pressage, la couture, le support, le cartonnage, la couverture et le contrecollage sont les mêmes que pour les livres à reliure régulière. . Il reste donc à ajouter que les livres n'auront pas besoin d'être battus et, pour les planches ordinaires, ne seront jamais découpés sur les bords. Les feuilles ne sont dressées qu'au couteau avant d' arrondir le dos, de manière à présenter un aspect aussi soigné que possible, en enlevant toute portion de papier dépassant de la ligne générale. Pour une plus grande solidité du verso, un morceau de papier doit être collé au centre du papier de couleur avant de l'appliquer sur le volume. Une fois recouverte et collée, l'étiquette imprimée doit être fixée uniformément au dos et le livre sera terminé.

TRAVAIL DE TISSU.

En 1825, une grande révolution dans le domaine des pensions fut amorcée par l'introduction de couvertures en tissu à la place du papier de couleur terne utilisé auparavant. Feu Archibald Leighton, de Londres, en était l'inventeur ; et M. Pickering fut le premier éditeur à l'adopter. Les premières couvertures en tissu avaient des étiquettes imprimées ; mais très vite, M. Leighton découvrit que le tissu pouvait être très joliment estampé d'or. Les œuvres de Lord Byron (l'édition en 17 volumes) furent les premiers livres sur lesquels furent appliquées des lettres dorées sur tissu. Le travail du tissu est maintenant réalisé avec des côtés et un dos entièrement dorés et des tranches dorées ; mais, à cause du caractère temporaire de ce style, on peut se demander si ce n'est pas une dépense inutile de temps et d'argent pour le produire. Mais, aussi longtemps que le public ignore son manque de capacité d'utilisation et désire une masse d'or sur les côtés, aussi longtemps, en fait, qu'il y aura une grande classe qui désire les livres pour une simple démonstration et non pour un usage. — les éditeurs auront intérêt à les gratifier en leur fournissant des ouvrages en dorure.

L'expédition étant si importante dans le travail du tissu, une machine a été introduite pour faciliter l'opération de sciage des dos, et elle est maintenant généralement utilisée à cet effet. La coupe ci-jointe donne une idée précise de la machine telle que fabriquée par WO Hickok, Harrisburg, Pennsylvanie.

Pour cela et pour tous les autres types de dossiers (le maroquin est parfois réalisé de cette manière), les papiers de doublure sont insérés et collés de manière à adhérer au papier de garde, et les feuillets, ayant été coupés court, sont grattés ou frotté lisse. Les volumes sont ensuite maquillés et touchés au dos en un ou deux endroits avec le pinceau-colle. On les coupe ensuite sur le devant, en les plaçant entre deux planches dont l'une a précisément la largeur qu'on veut couper aux volumes ; les planches et les livres sont placés sur la presse à poser, et les dossiers sont uniformément relevés ; le tout est ensuite placé au pressoir et découpé à la charrue. La planche arrière étant plus large que l'avant, le couteau coupe dessus. Si les volumes sont petits, un certain nombre peut être réduit en même temps. Ce mode de découpe est appelé « bateau à vapeur ». Après que tout ce que l'ouvrier « porte » a été coupé sur les fronts, ils sont ensuite placés à nouveau entre des planches à découper, de la taille appropriée, et renversés sur la tête ; ils sont ensuite posés sur la presse, avec le coureur ou le panneau avant vers le haut ; la planche est ensuite déplacée d'environ un quart de pouce sous les têtes des volumes à mesure qu'ils sont disposés en couches ou en tas. L'ouvrier saisira alors fermement les planches, afin d'empêcher les livres de glisser , et les placera dans la presse à découper, et, après l'avoir bien vissée avec la goupille, procédera à la coupe des têtes de la même manière. comme les façades. Après cela, dévissez partiellement la presse, de manière à permettre aux volumes de tourner sans glisser dans la cuve ; puis, avec une main sous la presse, enfoncez une extrémité des planches, tandis que l'autre est élevée, jusqu'à ce que le tout soit complètement retourné, les queues en haut. Le coureur est ajusté même avec la joue de la presse, la presse est foutue, et les volumes coupés au niveau de la queue. Si les bords doivent être dorés, ils sont maintenant préparés pour cette opération. Ensuite, ils sont collés au dos et arrondis, en prenant soin de ne pas démarrer les feuilles ni marquer la dorure sur le devant avec le pouce. Ils sont ensuite recouverts de la même manière que les livres reliés, sauf qu'ils ont des joints plus grands. Il faut faire attention aux extrémités, sinon les coups de marteau écraseront le papier et donneront ainsi à la dorure un aspect inesthétique au niveau des joints.

Une machine a été inventée dans le but de soutenir les livres, et elle semble devenir de plus en plus en faveur pour le travail du tissu et, en fait, pour tout travail où l'expédition est une nécessité primordiale. C'est l'invention de M. Sanborn, de Portland, Maine. La coupe annexée donne une idée de l'aspect général de la machine.

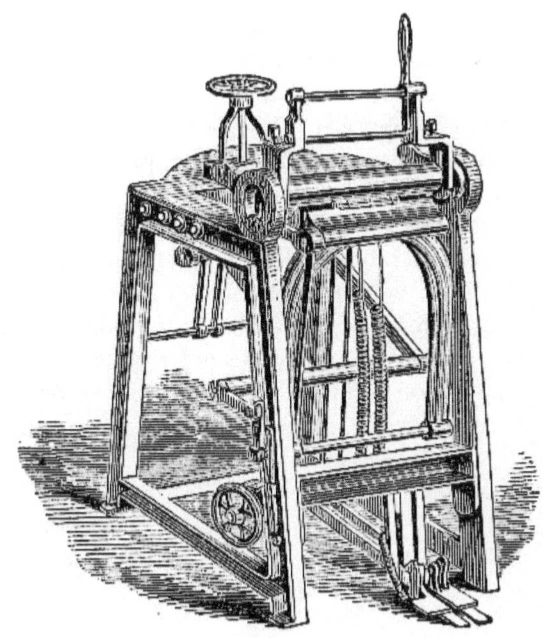

Le processus suivant consiste à doublurer le dos, ce qui se fait en collant des bandes de papier ou de mousseline sur le dos, en les laissant d'une largeur suffisante pour couvrir les joints de chaque côté. Les volumes sont ensuite préparés pour les cas préalablement préparés. Les planches sont coupées à une taille carrée uniforme par les cisailles à table. Les couvertures en toile, après avoir été découpées, ont les coins coupés selon un motif fait à cet effet, juste assez pour leur permettre de se chevaucher lorsque la toile est retournée sur le bord des planches. La couverture est ensuite collée également par-dessus et le carré **en T** est posé dessus, le carré ayant été fait avec la largeur appropriée pour permettre le dos, les joints et la rainure du volume. Une planche est ensuite posée de chaque côté du centre du carré ; celui-ci est ensuite enlevé, et une bande de papier, de la longueur des planches et à peu près de la largeur du dos du livre, est placée entre les planches. La toile dépassant des planches est ensuite retournée sur leurs bords. La couverture est ensuite retournée et le tissu est frotté sur les côtés au moyen d'un tampon de laine ou de coton. Il est ensuite placé entre des cartons pour sécher. Une fois que les boîtiers sont tous fabriqués et parfaitement secs, ils sont prêts à être estampés. Le tissu pour estampage ordinaire ne nécessite aucune préparation, mais si le tampon est grand ou très lourd, il sera plus sûr d'utiliser une couche d'apprêt. À cette fin , l'ichtyocolle russe est préférable ; un nouveau glaire répondra au même but. Une fois les étuis estampillés, les volumes étant prêts, on les dispose avec leurs têtes de la même façon, et on colle également la page de garde du volume par-dessus. Le livre est ensuite posé, face collée vers le bas, sur un étui, en ajustant en même temps correctement les carrés ; l'autre page de garde est ensuite collée, et l'autre planche ou côté du boîtier est tirée sur le dos et placée sur le volume. Une fois un certain nombre collé, ils sont placés dans des planches à presser sur lesquelles une fanfare est apposée sur les bords des planches. La bande, étant un peu plus large que l'épaisseur de la planche, provoque une légère saillie. Les volumes sont ajustés dans les planches à presser de manière à ce que le dos et le joint des volumes soient du côté extérieur, tandis que le carton se trouve du côté intérieur du rebord en laiton. Dans cette position, les volumes sont placés dans la presse debout et bien vissés ; ils sont ensuite légèrement frappés au niveau des têtes avec un petit marteau et laissés au repos jusqu'à ce qu'ils soient secs. Ils sont ensuite retirés et les pages de garde ouvertes ou séparées à l'aide d'un bâton pliant. Ils sont alors prêts à rejoindre les rayons du libraire.

CISAILLES DE TABLE.

PARTIE III.

ART ORNEMENTAL.

En traitant de ce sujet, nous sommes ramenés au pays des Pharaons ; car les premiers documents d'art qui nous sont parvenus (et peut-être les plus parfaits) proviennent des rives du Nil, remarquables par leur caractère sévèrement massif, calme et glacial. Les quelques détails ornementaux sont choisis plutôt pour leur beauté symbolique qu'esthétique , constitués de formes locales légèrement conventionnalisées et rehaussées de couleur . Leurs ornements étaient des types et des symboles destinés à s'adresser à l'œil, au cœur et à l'âme du spectateur, le plus fréquent étant le globe ailé, emblème sacré que les Égyptiens utilisaient dans leurs dessins ornementaux, la figure humaine, leur les animaux sacrés, ainsi que le lotus, le roseau, l'aspic et le papyrus. Sur les chapiteaux des colonnes égyptiennes sont représentées presque toutes les fleurs particulières au pays, les pétales, les capsules, les pistils, les graines et les parties les plus infimes étant souvent exposés. On voit souvent des chapiteaux ressemblant à un vase, et parfois une cloche inversée. Il y a peu de choses dans ce style applicables à la décoration des livres, si ce n'est sur les ouvrages relatifs à l'Egypte. Ses symboles offrent alors au relieur l'occasion d'employer son ornementation symbolique.

ASSYRIEN ET PERSAN ANCIEN.

Ce style n'est que récemment que nous avons pris connaissance d'un peu de ce style ; et, bien qu'en partie contemporains des Égyptiens, les Assyriens leur ont peu emprunté, les détails étant remarquables par leur caractère classique, se rapprochant parfois de l'ionien, mais dépendant grandement des formes animales pour leur ornementation, et de la peinture et de la sculpture pour leur expression. . Les formes, souvent gracieuses, sont moins arbitraires que celles égyptiennes (où le symbolisme est primordial) et contiennent ces éléments ensuite élaborés en beauté par les Grecs. Il existe une convenance appropriée dans l'ornement assyrien qui constitue l'une de ses principales caractéristiques. Outre les animaux, la grenade, les pommes de pin, la fleur de lotus et les roseaux, les rosaces et un ornement en forme d'éventail supposé être à l'origine du chèvrefeuille grec, distinguent le style assyrien.

GREC.

Sous les Grecs anciens, l'Art atteignit un caractère raffiné et exalté, la beauté matérielle étant développée à l'extrême ; élégance des proportions, simplicité chaste et conventionnalisme triomphant ; le symbolisme est négligé. Les principaux éléments de l'ornement grec étaient le chèvrefeuille, les feuilles de lotus, la ligne de vague et le rouleau, le zigzag et le frette universelle. La beauté de l'ornement grec consiste dans l'égalité du feuillage, des points de départ, des tiges et du fond. Ses figures courantes sont bien adaptées et sont utilisées pour les rouleaux, en finition latérale, et les proportions de ce style d'art doivent être soigneusement étudiées par le finisseur.

ÉTRUSQUE.

La simplicité et l'élégance des formes, combinées à un fort contraste de couleurs , constituent les marques distinctives de ce style. Les vases étrusques constituent encore aujourd'hui des modèles pour l'artiste. L'aspect nouveau de ces récipients, tous uniformément peints d'un entrelacs de noir sur un fond naturel de rouge brunâtre, est extrêmement agréable, prouvant la haute capacité artistique de leurs créateurs. Au British Museum, il existe une salle entièrement consacrée à une collection de ces vestiges de l'art ancien. Ce style est abordé dans ses effets par une incrustation de noir sur un rouge brunâtre. Un exemplaire du « Recuyell of the Historyes of Troye » de Caxton, relié dans ce style par Whittaker, a été hautement loué. Il est en possession du marquis de Bath. Les effets généraux de ce style sont représentés par un style maintenant très en vogue, appelé antique, sur lequel on estampille un maroquin brun rougeâtre de manière à y produire une figure sombre ou noire ; mais le caractère des ornements est généralement différent.

ROMAIN.

L'art romain est une élaboration redondante de l'art grec, dans lequel la pureté cède la place à la richesse, les combinaisons grotesques deviennent courantes et de faux principes s'insinuent. Les pavements en mosaïque sont rendus picturaux par l'introduction de la lumière et de l'ombre, les plats et les ronds ne étant pas distincts. Dans les vestiges de Pompéi, nous trouvons la dégradation de l'art classique par la violation des vrais principes. Il n'y a rien dans ce style qui le recommande à l'artiste, surtout dans la décoration des livres.

BYZANTIN, LOMBARD, NORMAND.

Ces variétés d'ornements apparentés, commençant avec l'essor du christianisme, étaient fondées sur des détails classiques , ayant une expression distincte qui leur était propre. Il y a beaucoup de symbolisme dans le byzantin, mais tous sont adaptés à leurs différents besoins : les parties sont riches, judicieusement disposées et purement conventionnelles. Dans ces styles, si intimement liés, on retrouve le travail des sangles entrelacées qui suggérait aux grands artistes médiévaux les entrelacs gothiques .

MAURESQUE.

L'art décoratif des Arabes est plus conventionnel que tout autre, et il est dans la plupart des cas extrêmement difficile de retracer l'origine de leurs formes.

Toutes représentations animales sont strictement exclues par la religion de Mahomet. L'union des formes géométriques et florales semble avoir fourni l'expression, de nombreux ornements ressemblant à des ovaires de plantes, coupés transversalement et reliés par des formes cristallines. Le traitement abstrait et superficiel est parfait, les formes sont extrêmement gracieuses et les coloris magnifiques. Le travail des sangles entrelacées est très élaboré. Ce style est parfois appelé Arabesque et constitue la décoration principale de l'Alhambra, ancienne forteresse et résidence des monarques maures de Grenade. Pour la grâce et la vivacité, ce style est sans égal, et il offre de nombreuses indications utiles et belles au finisseur dans son outillage manuel, et est bien calculé pour produire de fins effets dans les tampons conçus pour la presse à gaufrer.

GOTHIQUE.

Le gothique est fondé sur des formes géométriques. Les sangles des styles anciens sont élaborées en entrelacs, les lignes principales étant circulaires ou courbes, partant de lignes verticales, se terminant par des points, enfermant des espaces divisés et subdivisés de la même manière, en outre décorés d'ornements conventionnels dérivés de la nature locale. Pour la reliure, on l'emploie parfois, mais sans beaucoup de jugement. Le finisseur judicieux le rejettera en raison de son inapplicabilité à une décoration superficielle.

LA RENAISSANCE.

La Renaissance ou Revival est née en Italie au XVe siècle, par l'appropriation de détails classiques en relation avec des styles antérieurs, le traditionnel cédant la place à la sélection et à la liberté ; L'art ne gagne que peu de formes entièrement nouvelles, soumettant plutôt tout ce qui avait précédé à un nouveau traitement, qui, entre les mains des grands artistes de l'époque, produisit des résultats agréables, montrant l'importance du design général, rendant même les matériaux incongrus agréables pour cette raison. seul. Le Cinque-cento a été considéré comme le but de la Renaissance et ses caractéristiques, sangles, entrelacs, arabesques et volutes percées, mélange de formes conventionnelles et naturelles, et chaque détail de l'art ancien, produisant, sous différentes masters, résultats variés. Ainsi, dans la Loggie du Vatican de Raphaël, on retrouve, comme à Pompéi, des éléments empilés les uns sur les autres, sans aucune considération de construction. Il en est de même des œuvres de Julio Romano à Mantoue, imitations peintes de bas-reliefs suspendus au-dessus des fontaines, des temples, etc., les parties souvent finement dessinées et traitées, mais, prises dans leur ensemble, peu éloignées de l'absurde, tout à fait différentes des autres. ils cherchaient à rivaliser avec les œuvres des Grecs et des Étrusques.

ÉLISABÉTHAIN.

L'Élisabéthain était une version anglaise de la Renaissance, étant une élaboration spéciale de la sangle et du boulonnage, et a été très utile au tailleur de timbres. Beaucoup de ses formes peuvent être avantageusement utilisées par le finisseur.

LOUIS QUATORZE.

Cette expression distincte de l'art est d'origine italienne, étant la dernière de la Renaissance et la fin des styles ornementaux. Il est constitué de volutes et de coquilles, une alternance de courbes et de creux, le concave et le convexe en contraste, les surfaces brisées offrant un brillant jeu d'ombre et de lumière. L'effet des dorures étant extrêmement magnifique, la couleur fut abandonnée, la construction cachée et la symétrie souvent négligée, surtout dans son déclin. Quant au traitement superficiel, les surfaces planes ont été soigneusement évitées et les quelques surfaces restantes ont été traitées de manière picturale, dans un style pastoral et mélodieux, connu sous le nom de Watteau. Sous Louis XV. les formes ont dégénéré : l'équilibre symétrique et la fluidité des lignes ont été négligés, laissant la place à l'ornementation dégradée appelée le rococo - le style dominant de la dernière et de la première partie du siècle actuel - privant l'Europe pendant plus de cent ans d'une véritable décoration superficielle, sans lequel aucun Art ne peut être considéré comme complet. Une tentative de ce style peut être vue sur les côtés de certains albums et livres aux dorures criardes de même caractère. Aucun finisseur n'a besoin de cultiver un amour pour cela, car c'est l'aversion de tous les artistes raffinés.

FINITION.
GOÛT ET CONCEPTION.

Il est de la plus haute importance pour un jeune ouvrier qu'il ait des idées justes en matière de goût et qu'il soit capable de le distinguer du caprice ou de la simple fantaisie. Il est au pouvoir de chacun d'acquérir un goût correct, car il est régi par des lois qui s'apprennent facilement et qui sont immuables. Le goût peut être considéré comme une perception et une appréciation des principes de beauté et d'harmonie révélés par la nature à travers l'art. Rien de contraire à la nature, aucune violation d'aucune loi de proportion ou d'adéquation, ne peut être de bon goût. L'amateur et le collectionneur de livres, lorsqu'ils entreprennent la fondation d'une bibliothèque, feraient bien de s'arrêter avant d'adopter un type de reliure qui, des années plus tard, créera un sentiment de gêne et conduira peut-être à des sacrifices pécuniaires.

Un auteur récent de l'Exposition de New York sur l'Industrie de toutes les Nations déclare ainsi : « Nous appelons la reliure un art ; et quand nous considérons tout ce qui est nécessaire à la couverture parfaite d'un beau livre, il faut admettre que c'est un art. ; moins important, il est vrai, mais semblable en nature à l'architecture.

"La première exigence du savoir-faire du relieur est de mettre le livre dans une couverture qui le protégera efficacement, et en même temps permettra de l'utiliser avec facilité. S'il n'y parvient pas, son exposition la plus élaborée d'ornements l'habileté ne vaut rien, car il échoue dans le but même pour lequel ses services sont requis. C'est à cet égard aussi que la plupart de nos relieurs ont échoué dans les années passées. Qui se souvient des couvertures de mouton hideuses, dures et mouchetées qui se déformaient Les rayons de nos libraires, il n'y a pas longtemps, peuvent oublier le tourment supplémentaire qu'ils ont infligé à leur malheureux acheteur, en se recroquevillant visiblement sous ses yeux, alors qu'il passait sa première soirée dessus, et en jetant devant lui des feuilles volantes ou des signatures entières. avait-il fini sa première lecture ? A cette époque aussi, il y avait une reliure en maroquin , avec un Californie d'or sur les côtés ; et quel maroquin ! il ressemblait aux doigts comme une râpe à muscade aplatie, semblant protéger le livre en le faisant pénible pour quiconque de le toucher. C'était aussi inutile que le mouton plus humble mais pas plus vulgaire. Il ne tiendrait guère pendant la période des fêtes sur la table centrale pour laquelle il était censé orner.

« La tâche suivante du relieur est de donner à son ouvrage l'apparence substantielle sans laquelle l'œil du connaisseur restera insatisfait. Le volume doit non seulement être bien protégé, mais le paraître. Il doit être solide, compact, à bords carrés et fermé. en planches fermes, d'une robustesse proportionnelle à sa taille, et celles-ci doivent être recouvertes d'un cuir à la fois souple et solide. S'il ne présente pas cet aspect, il ne sera pas satisfaisant malgré les couleurs les plus riches et les ornements les plus élaborés. Jusqu'à présent, le simple L'habileté mécanique du relieur entre en jeu. Dans le choix de son style de reliure et dans la décoration de son livre, s'il accomplit sa tâche avec goût et habileté, il s'élève au rang d'artiste.

« L'adéquation de la reliure au caractère du volume qu'elle protège, bien que peu considérée par de nombreux relieurs, et encore moins par ceux pour qui ils travaillent, est de la première importance. Supposons que Lalla Rookh de Moore soit reliée en mouton rugueux, avec des lignes sombres. le dos et les coins de la Russie , comme le grand livre d'un marchand, ou le dictionnaire folio de Johnson en couleur paille maroquin richement doré et doublé de soie moirée bleu pâle, y a-t-il un œil, si inculte soit-il, qui ne serait pas choqué de l'incongruité ? Chaque livre pourrait être parfaitement protégé, s'ouvrir librement et témoigner d'une grande habileté mécanique et artistique de la part du relieur ; mais son goût atroce lui assurerait une condamnation juste et universelle. Et pourtant, des atteintes à l'aptitude sont constatées quotidiennement, sur la majorité des rayons publics et privés, un peu moins scandaleuses que celles que nous avons supposées. Livres de poésie et ouvrages d'art illustrés, reliés en veau sobre moucheté ou marbré, avec peu d'or sur le dos et les côtés, et aucun sur les tranches ! Histoires, ouvrages de statistique et livres de référence, en maroquin riche , magnifiquement doré ! — l'idée que les styles doivent changer de place semble ne jamais entrer dans l'esprit des possesseurs de ces volumes absurdement couverts. Mais un peu de réflexion de la part de toute personne de goût et capable de discerner l'éternelle convenance des choses fera apparaître qu'il doit y avoir congruence et adaptation dans la reliure des livres. Les volumes sobres et pratiques doivent être couverts en conséquence ; les cuirs de veau et de russie , avec papier et tranches marbrés, deviennent eux ; tandis que les œuvres de l'imagination, telles que la poésie et les livres de gravures, exigent de riches maroquins , des ornements fantaisistes et des dorures. Pour relier des histoires, des ouvrages philosophiques, des dictionnaires, des livres de référence et autres, en veau uni ou russie foncé , — des voyages, des romans, des essais et des proses plus légères, en veau teinté ou russie pâle avec dorure, — de la poésie en le plein maroquin richement doré, et les ouvrages d'art en demi- maroquin , avec le bord supérieur seulement découpé et doré, — semblent une répartition judicieuse des principaux styles de reliure. Les marges d'un ouvrage illustré sur l'art ne doivent jamais être coupées, sauf là où cela est absolument nécessaire pour préserver le livre de la poussière et pour faciliter le retournement des feuilles, c'est-à-dire en haut. Il est bon ici de protester contre l'usage aveugle de la reliure de style antique, avec veau brun foncé, plats biseautés et tranches rouges. C'est très bien à sa place ; mais il devrait être limité aux œuvres en prose d'auteurs qui ont écrit il y a au plus cent cinquante ans. Quelle convenance y a-t-il à mettre Scott, ou Irving, ou Dickens, ou Longfellow, dans une telle robe ? »

L'opinion de Hartley Coleridge sur le sujet du goût dans Bookbinding est ainsi donnée : « La reliure d'un livre doit toujours convenir à son teint. Les pages d'un jaune vénérable ne doivent pas être recouvertes de maroquin militaire , mais de russie brun sobre. Le papier brillant pressé à chaud semble le meilleur en vélin. Nous avons parfois vu une collection de ballades en lettres noires, brun blanc, etc., si magnifiquement ornées qu'elles nous rappellent la pieuse libéralité des catholiques, qui habillent de soie et d'or les images des saints, faisant partie de dont la sainteté consistait à porter des haillons et des cilices. Le costume d'un volume doit également être en harmonie avec son sujet et avec le caractère de son auteur. Comme il est absurde de voir les œuvres de William Penn en écarlate flamboyant et le Journal de George Fox dans la pourpre des évêques ! La théologie doit être solennellement magnifique. L'histoire doit être ornée à la manière antique et gothique ; les œuvres scientifiques, aussi simples que cela est compatible avec la dignité ; la poésie, *simplex munditis* .

Et il n'est peut-être pas inutile ici d'introduire l'opinion du Dr Dibdin , dont les liens avec certaines des premières bibliothèques d'Angleterre et dont la connaissance intime de tous les grands collectionneurs de livres de la même époque doivent tendre à le considérer comme un bon autorité en la matière :—

« L'apparence générale d'une bibliothèque n'est en aucun cas une simple question de fantaisie ou d'indifférence ; c'est une sorte de point cardinal auquel le collectionneur de bon goût fait bien de s'intéresser. Vous avez le droit de considérer les livres, quant à leur *extérieur* , avec l'œil d'un *peintre* ; car cela ne milite pas contre la bonne utilisation du contenu.

"Épargnez-vous du maroquin rouge ou du vélin. Ils ont chacun un aspect si distinct, ou ce que les peintres appellent tacheté, qu'ils ne devraient être présentés qu'avec circonspection. Le Maroc, je l'avoue franchement, est mon surtout préféré ; et leurs variétés - *bleu* , (foncé et clair), *orange* , vert *et* olive - méritent particulièrement votre attention.

"La couleur de la reliure peut souvent être en harmonie avec son contenu. Les livres de poésie peuvent être rouges, ou vert clair, ou bleus, et avoir autant d'ornements qu'on peut le désirer. Et les livres de Beaux-Arts, plus que tous les autres, doivent réjouissez-vous dans de belles couleurs maroquins et ornements magnifiques. Au British Museum, les livres de divinité sont reliés en bleu, l'histoire en rouge, la poésie en jaune et la biographie en olive.

"Laissez *la Russie* réclamer vos volumes d'architecture ou autres antiquités, de topographie, de lexicographie et autres ouvrages de référence. Que vos romans et chroniques aspirent au *maroquin* ou *au velours* ; bien qu'à la réflexion, *la Russie* soit bien adaptée à l'histoire et aux chroniques. Et pour vos quinzièmes ou volumes imprimés au quinzième siècle, qu'ils soient grecs, latins, italiens ou anglais, permettez-moi de vous prier d'utiliser invariablement *le maroquin* : pour la théologie, *le bleu foncé* , *le noir* ou *la couleur prune* ; pour l'histoire, *le rouge.* ou *vert foncé* , tandis que, dans les grands in-quarto de papier, on ne manque pas de rappeler la *peau de veau* des Français, avec des dorures sur les tranches marbrées . *hogskin* m'incite à vous demander de jurer une inimitié éternelle envers cet engendreur de moisissure et de méfait. En tout cas, c'est une cotte de mailles maladroite. Pour vos italiens et français, surtout dans les longues suites, parlez de ce qu'on appelle *une reliure en veau français* , tacheté, panaché ou marbré sur les côtés, bien couvert d'ornements au dos, et, quand l'ouvrage en est digne, de dorures sur les côtés. les bords. Laissez vos in-octavos anglais d'histoire ou de belles-lettres respirer un ton tranquille de veau blanc chastement doré aux bords marbrés ; tandis que les œuvres de nos meilleurs poètes devraient être occasionnellement habillées d'un extérieur en maroquin .

L'opinion ultérieure du médecin sur le style de l'ornement, etc. en dorure, sera donné à sa place, et qui, avec celui cité ci-dessus, peut être traité en toute sécurité par le liant, mélangé avec les ajouts que son propre goût peut dicter.

C'est dans cet état que les défauts de l'acheminement deviendront plus apparents, et auxquels aucun tact ni ingéniosité du finisseur ne pourra remédier efficacement ; car, à moins que les bandes ne soient carrées, les joints libres et le livre entier géométriquement juste, le défaut, quel qu'il soit, apparaîtra partout et tendra à détruire la beauté de toute opération ultérieure, à cause de la contrainte requise pour faire le général. aspect du travail efficace.

Avant de passer à la description des diverses manipulations nécessaires à la dorure d'un livre, il faudra attirer de nouveau l'attention du jeune ouvrier sur ce qui a été avancé relativement au soin et à l'attention dans les parties précédentes de cet ouvrage, et faire suite aux remarques là, fait avec d'autres sur le goût nécessaire pour être affiché dans cette partie la plus importante de l'art de la reliure. Lorsqu'on considère que les artistes les plus célèbres sont parvenus à l'éminence qui leur a été accordée non seulement par l'élasticité, la solidité et l'équerrage de leurs reliures, mais encore par le choix judicieux de leurs ornements de dorure, et par la précision et la beauté avec lesquelles ils ont été exécutés, on ne saurait trop faire comprendre à l'ouvrier que cela doit jamais occuper sa première attention. Rien n'est plus désagréable à l'œil que des ornements peu judicieux ou mal exécutés ; tandis qu'avec des embellissements chastes et classiques, appliqués avec goût, il se produit sur les volumes une apparence de richesse qui ne peut manquer de donner satisfaction au critique le plus exigeant. Les côtés des volumes offrent le champ le plus favorable à l'étalage du goût ornemental, permettant, par leur étendue, l'exécution des dessins les plus compliqués. Ce style d'ornement élaboré a été porté à une telle perfection et splendeur que, dans de nombreux cas, il a fallu plusieurs jours pour l'exécution d'un seul côté ; mais ce n'est que par l'application la plus vigoureuse, le plus grand soin et le goût correct que l'on peut y parvenir. Avec cela, le succès couronnera bientôt les efforts de l'ouvrier ; et il aura la satisfaction de se trouver capable d'imiter n'importe quel modèle, si difficile soit-il, ainsi que d'exécuter de nombreux nouveaux dessins et compartiments dont, jusqu'à ce qu'il s'y applique, il n'avait pas auparavant une idée.

Quant au style d'ornementation, il faut le laisser au goût ; mais, comme promis précédemment, il convient maintenant d'introduire les remarques du

Dr Dibdin sur l'effet général de la dorure et du travail à l'aveugle, laissant le soin de suggérer les détails à l'esprit du doreur.

« Tout d'abord, que vos livres soient bien et uniformément écrits, et qu'une partie raisonnable d'ornement soit visible sur le dos de ceux-ci. J'aime ce qu'on appelle un dos *surchargé* . Au début, l'apparence peut être éclatante et criarde ; mais le temps , qui adoucit les ornements des livres ainsi que les visages humains, obtiendra rapidement cet inconvénient, et environ un an ou six mois ajoutés audit douze mois feront des miracles sur l'apparence de votre livre. Ne soyez pas avare de vos ornements sur le dos, et ne laissez jamais *un outillage aveugle* envahir entièrement un in-folio ou un in-quarto ; car, ce faisant, vous transformez ce qui devrait ressembler à un *livre* en un meuble en acajou.

"Dans les grandes bibliothèques, il ne devrait pas y avoir trop d'ornements aveugles ni un manque trop grand de dorures. Sans aucun doute, l'ornementation devrait être aussi appropriée que possible au livre. On ne pourrait pas supporter des *Bibles* et *des livres de prières dorés en pain d'épice* , ou *des Chroniques* ou *Dictionnaires* ou autres livres de référence. Qu'ils aient une décoration discrète sur le dos, des bandes uniquement entièrement dorées, ou un outil à bord courant au centre d'eux, avec de petits ornements entre les bandes.

" Je recommanderais que le lettrage d'un volume soit aussi *complet* que possible ; cependant, la sentencieuse doit parfois être adoptée. Les lignes doivent être droites et les lettres d'une seule et même forme ou d'un même caractère à l'intérieur de la ligne ; cependant le nom de l'auteur peut être exécuté dans un format plus grand que celui de la date ou du lieu de son exécution, et le lettrage peut être entre les bandes du haut et du bas, ou il peut occuper les espaces entre trois bandes, ou même plus. comme c'était la coutume. Dans toutes les nouvelles reliures, cependant, préférez les lettres horizontales aux lettres perpendiculaires. *

> *Nous craignons parfois que les éloges du Dr Dibden concernant un dos surfacturé n'aient produit un effet néfaste. Il faut garder à l'esprit que, lorsque le médecin écrivait, le veau était le matériau prédominant employé pour la reliure, et celui de couleur claire .

Il reste à insister pour qu'une attention particulière soit portée au lettrage des livres comme à leurs bons titres, car le contraire présenterait aux judicieux un effet des plus désagréables, et pourrait être la cause de produire dans l'esprit un mécontentement à l'égard de l'ensemble de la reliure. du propriétaire ; et aussi pour éviter le contraste que la nuance ou la couleur différente des nouveaux lettrages donnera à certaines reliures.

Comme il est nécessaire que l'ouvrier se fasse une idée du style et du dessin à exécuter sur le volume avant de le préparer pour la dorure, nous allons souligner les particularités de certains des styles les plus importants et des outils nécessaires pour les produire. Nous espérons donner une idée fidèle de ce dernier à l'aide des outils et ornements exécutés expressément pour cet ouvrage par Gaskill, Copper & Fry, tailleurs d'outils de relieurs , Philadelphie , qui se sont assurés, par leur goût et leur habileté, une réputation enviable en tant qu'artistes. La planche I. contient une illustration des espèces d'ornement appelées

LE STYLE ALDINE,

Qui tire son nom d'un imprimeur renommé nommé Aldus Manutius, Romain de naissance, né en 1446 ou 1447. Son prénom, Aldus, était une contraction de Theobaldus ; et à ce surnom il ajoutait parfois l'appellation de Pie, ou Bassianus , ou Romanus. Le premier de ces appellations a été assumé par Alde parce qu'il avait été le précepteur d'Albertus Pius, prince de la noble maison de Carpi ; et le second provenait du lieu de naissance de l'imprimeur, à savoir Bassian , petite ville du duché de Lermonetta .

Alde est censé avoir élu domicile à Venise, comme ville préférée pour mûrir ses projets, vers 1488 ; et vers 1494-95, il y lança la première production de sa presse. Il introduisit des caractères romains d'une coupe plus nette que ceux utilisés auparavant, et inventa cette belle lettre qui est maintenant connue sous le nom d' *italique* , bien que, dans le premier cas, elle fut appelée *vénitienne* , du fait que Manuce résidait à Venise lorsqu'il l'apporta. à la perfection; mais, peu de temps après, elle fut dédiée à l'État italien, pour éviter tout différend qui pourrait naître de la revendication d'une priorité par d'autres nations, comme ce fut le cas concernant le premier inventeur de l'imprimerie.

Avant l'époque d'Alde, les seuls points utilisés dans la ponctuation étaient la virgule, le deux-points et le point complet ou le point ; mais il inventa le point-virgule, donna une meilleure forme à la virgule et relia la ponctuation en assignant aux différents points des places plus appropriées. Vers l'époque de son mariage (en 1500), il inventa un mode d'imposition d'une œuvre de telle manière que deux langues pouvaient être entrelacées et reliées ensemble, ou séparément, au choix de l'acheteur ; et, vers la même date, il imprima le premier feuillet, in folio, d'un projet d'édition de la BIBLE en langues hébraïque, grecque et latine ; de sorte qu'il a l' honneur d'avoir le premier suggéré le plan d'une Bible polyglotte . Cependant, le plan n'a pas pu être mis à exécution. L'impression de différentes langues dans des colonnes opposées ne fut réalisée qu'en 1530.

L'esprit d'Alde était entièrement occupé au soin de son imprimerie ; car, aussitôt qu'il eut réglé ses autres affaires nécessaires, il s'enferma dans son cabinet, où il s'employa à réviser ses manuscrits grecs et latins, lisant les lettres qu'il recevait des savants de toutes les parties du monde. , et en écrivant des réponses. Pour éviter toute interruption par des visites impertinentes, il fit placer sur sa porte l'inscription suivante : « *Qui que vous soyez, Alde vous supplie instamment d' expédier vos affaires le plus tôt possible, puis de partir : à moins que vous ne veniez ici, comme un autre Hercule. , pour lui prêter quelque aide amicale ; car il y aura ici du travail suffisant pour vous employer ainsi que tous ceux qui entreront dans cet endroit.* "

La marque ou le dispositif dont Alde, mort en 1515, se servait pour distinguer les ouvrages sortis de sa presse était une ancre autour de laquelle semblait se tordre un dauphin. Il doit être familier à tout amateur, M. Pickering, l'éditeur de Londres, ayant adopté l'ancre Aldine comme dispositif. Tenter une description de la classe d'outils Aldine serait superflu après un spécimen aussi juste dans l'illustration. On percevra qu'ils sont entièrement exempts de nuances et, par conséquent, beaucoup plus efficaces pour la description du travail pour lequel ils sont généralement utilisés, à savoir l'outillage aveugle. Les outils et les modèles sont beaucoup plus légers et plus ornementaux que l'ancienne école monastique, à laquelle les Aldines participaient dans une certaine mesure.

Sur la même plaque est exposé la disposition d'un panneau arrière et d'outils dans le

STYLE MONTAGUE,

Qui tire son nom de Montague (de la maison Montague and Johnson), un relieur d'une renommée considérable, qui prospéra vers 1780. Les principales caractéristiques de ce style sont les coins et le centre , remplis d'arrêts, etc. semblable à l'illustration. Les outils sont d'une description ouverte et feuillue, découlant d'une tige exempte de tout élément de parchemin ou de boucle. Le panneau donné a été copié à partir d'un livre censé avoir été réalisé par Montague lui-même. La barre, ou grain d'orge, sur la tête et la queue et sur les bandes, de même sur l'intérieur et les bords. Livres en volumes, découpés en rouge et vert sur les panneaux adjacents, souvent un losange rouge sur le deuxième morceau, et remplis de coins et d'arrêts semblables aux autres panneaux ; parfois les deux pièces sont vertes ; côtés généralement unis, ou un rouleau fluide et fleuri, auquel on substitue maintenant habituellement une ligne à deux ; cousu sur des bandes en relief ; couleur , veau brun, parfois très moucheté.

Il y a aussi sur la planche I. une illustration de

LE STYLE HARLÉIEN,

Un style qui n'est pas derrière Montague en termes de beauté de l'ornement, et supérieur en élégance et en variété d'arrangement. Avant d'entrer dans la description du style, nous donnerons les informations que nous avons obtenues sur son fondateur, en étant sûrs qu'elles ne seront pas inacceptables. Nous constatons que « Robert Harley, Esq., de Frampton-Bryan, dans le comté de Hereford, (le gentleman dont le style tire son nom), fut en 1700 choisi président de la Chambre des communes, et en mai 1711, il fut créé comte d'Oxford et Mortimer, et cinq jours plus tard fut promu au poste important de Lord Grand-Trésorier de Grande-Bretagne.

Dans la préface du Harleian MSS., maintenant au British Museum, parlant de M. Harley, il est dit que « son amour inné pour les livres était tel qu'il l'a déterminé dès son plus jeune âge à entreprendre la formation d'une nouvelle bibliothèque, indépendamment de les inconvénients auxquels il devait faire face, car de grands efforts avaient été déployés auparavant pour rassembler des manuscrits pour les collections Bodleian, Cottonian et d'autres collections précieuses quoique plus petites, de sorte que la perspective de former une nouvelle bibliothèque avec un nombre considérable de MSS était effectivement mais, poussé par l'amour du savoir et un fort désir de rechercher les transactions des âges anciens, détermina M. Harley à acheter tous les manuscrits curieux qu'il pourrait rencontrer, plus particulièrement ceux qui pourraient, d'une manière ou d'une autre, tendre à pour expliquer et illustrer l'histoire, les lois, les coutumes et les antiquités de son pays natal. Le principal point que le fondateur de la bibliothèque Harleian avait en vue était la création d'une bibliothèque historique anglaise MS et le sauvetage de l'oubli et de la destruction. de documents aussi précieux sur nos antiquités nationales qui avaient échappé à la diligence des anciens collectionneurs.

"Au décès de son fils (Edward Lord Harley, en 1741), qui avait été un puissant auxiliaire dans l'enrichissement de la collection, la bibliothèque MS. comprenait près de 8 000 volumes. A la mort de M. Harley, sa bibliothèque fut léguée à l'Université d'Oxford. Nous devons à de tels hommes une dette de gratitude pour le perfectionnement de l'art et pour avoir introduit un style de finition qui reste encore l'admiration du connaisseur.

"Les livres de la collection Harleian sont principalement reliés en maroquin rouge , bien cousus sur des bandes en relief, des dos serrés (comme l'étaient tous les livres de cette période), des pages de garde en marbre hollandais et des tranches dorées."

Les outils Harleian sont plus raides et beaucoup plus proches que le Montague, entrecoupés de boucles fines, de fines lignes courbes en tête d'épingle, de rosettes, de glands, d'arrêts solides, d'anneaux simples et de petits pains croisés.

La bordure sur la même plaque illustre le côté harléien du panneau. Dans le style harléien, il y a trois dispositions distinctes pour les côtés et le dos (indépendantes des envolées de fantaisie auxquelles se livrent les finisseurs). Il y a sur les côtés : d'abord, le congé à deux ou trois lignes, arrêté ; deuxièmement, la bordure harléienne à outils ou à pointes, style de finition particulièrement soigné et riche, et bien adapté à presque toutes les descriptions de livres.

Sur les Harley d'origine, l'outillage allait d'un coin à l'autre, comme s'il était travaillé avec un rouleau très large ; mais les finisseurs modernes préfèrent un coin confectionné , c'est-à-dire un ou plusieurs outils faisant saillie à angle droit avec le coin, jusqu'où les outils de bordure sont travaillés, rendant ainsi l'ensemble plus harmonieux et plus parfait. La bordure pointue est travaillée jusqu'à un filet de deux ou trois lignes, le rouleau en dents de chat étant travaillé sur la ligne extérieure vers le bord de la planche. (Nous pouvons mentionner ici que la dent de chat, bien que purement française, peut également être considérée comme harléienne, comme elle l'est sur tous les originaux que nous avons vus, et s'accorde bien avec le style.) Troisièmement, le côté vitre ou panneau , semblable à l'illustration. Parfois, un double vitrage était formé en jetant un filet à deux lignes et en travaillant un rouleau à l'intérieur.

Au dos se trouvent le centre vertical , le centre et le coin en losange, comme sur l'illustration, et le demi-cercle à centre ouvert .

Le centre en diamant n'était pas beaucoup utilisé sur les livres de lecture légère, comme les romans, mais plutôt sur les ouvrages de nature plus grave, comme la divinité, la philosophie et l'histoire. Il semble que ce soit le style préféré des relieurs du comte ; et nous devons reconnaître qu'un livre ne ressemble jamais autant à un livre que lorsqu'il est terminé avec un bon centre et un bon coin en diamant. En formant le centre du diamant , les pointes doivent faire saillie au-delà des arrêts, car cela est alors plus gracieux et plus agréable à l'œil que lorsque l'arrêt et les pointes affleurent l'un avec l'autre.

LE STYLE FONTHILL.

Le récit suivant de l'abbaye de Fonthill sera sans aucun doute acceptable, en relation avec notre description du « style » qui en tire son nom.

"L'abbaye de Fonthill, dans le Wiltshire, se classe à juste titre parmi les plus grandes structures du Royaume-Uni, combinant toute l'élégance de l'architecture moderne avec la grandeur sublime du style conventuel . Elle a été construite vers la fin du siècle dernier, au coût de 400 000 £, par M. William Beckford, fils du lord-maire de Londres à l'esprit civique de ce nom, dont la statue se trouve maintenant à Guildhall, avec une copie du discours et des remontrances mémorables qu'il a adressés à George III en 1770. Fort d'une richesse presque illimitée (près de 100 000 £ par an), doté d'un esprit extraordinaire, de talents littéraires du plus haut niveau et d'un goût exquis pour les arts, le jeune propriétaire de l'abbaye de Fonthill résolut d'ériger un édifice d'une conception hors du commun. et pour le parer de splendeur , et, avec une énergie et un enthousiasme dont les esprits les plus ennuyeux ne peuvent se faire qu'une mauvaise idée, il fit bientôt mettre sa détermination à exécution.

"Le magnifique édifice élevé pour M. B. contenait de nombreuses suites magnifiques d'appartements. Il suffit d'en remarquer deux, appelées Saint-Michel, et la galerie du roi Édouard III. Elles sont de la description la plus majestueuse et la plus intéressante qu'on puisse concevoir ou imaginer. : la première remplie des livres les plus précieux et de nombreux articles de *vertu* ; la seconde servant également de bibliothèque, mais enrichie d'un bien plus grand nombre de productions de choix et de curiosités, et se terminant par un oratoire unique par ses proportions élégantes et sa consistance caractéristique. Il est à la fois riche et luxueux comme le temple dont il forme un appendice, sombre et apaisant comme les sentiments religieux auxquels son appellation l'associe.

« La méditation ici peut réfléchir des heures et des moments ;

Ici, le cœur peut donner une leçon utile à la tête,

Et apprendre plus sagement se développe sans ses livres.

Ce n'est que le tirage d'un rideau, et non seulement tout l'éclat de la splendeur voisine , mais toutes les pompes et vanités du monde semblent à l'esprit méditatif exclues pour toujours. Peut-être son aspect pensif est-il plus profondément ressenti par le contraste immédiat : ébloui par les objets de spectacle, fatigué par l'examen des denrées rares et coûteuses, et déconcerté par la multitude d'objets précieux qui l'entourent partout, l'âme du visiteur se retire avec un enthousiasme décuplé. ravissement aux murs étroits de l'oratoire."

Notre brève description du style Fonthill ne peut manquer de paraître remarquablement appropriée au caractère sombre de la partie de l'abbaye qui contenait la bibliothèque, l'une étant en strict harmonie avec l'autre.

maroquin brun olive ; cousu sur des bandes en relief ; dessus dorés; côtés et intérieurs en papier marbré ; sans aucune finition, sauf le lettrage et la date en bas.

À LA JANSÉNISTE.

Ce style chaste et beau serait issu d'un ordre religieux et est très apprécié des amateurs. Les livres reliés à la janséniste sont des livres à reliure pleine en maroquin de Turquie ou du Levant , avec un large retournement à l'intérieur du plat, des tranches dorées avec un fin filet d'une ligne de chaque côté des nerfs et de la tête et de la queue, et soigneusement mitrés en onglet sur le côté. côté, tout en aveugle, il n'y a de dorure à l'extérieur que le lettrage ; à l'intérieur une large bordure en fer très fin en or, une fine double ligne en or sur les bords des planches, et le capuchon des bandeaux terminé par celui-ci.

LE STYLE CAMBRIDGEOIS

Se pratique , pourrait-on dire exclusivement, sur des ouvrages théologiques. À quelle époque il a gagné son nom est incertain; c'était sans doute le style dans lequel certaines bibliothèques universitaires étaient principalement reliées ; et, selon toute probabilité, l'idée du côté à vitres de Harley en a été copiée pour la première fois. Les livres reliés dans ce style sont cousus sur des bandes en relief, du veau brun, des côtés à carreaux, des pages de garde en marbre hollandais et des tranches rouges . Dos reconstitué de russie rouge , et d'un filet à deux lignes en tête et en queue, et de chaque côté des bandeaux, *aveugles* . Côtés, un filet à deux lignes près du bord et de chaque côté du vitrage, avec un étroit rouleau fleuri travaillé de chaque côté du vitrage, près des lignes. Les congés du volet à relier entre eux aux coins avec le congé à deux lignes, et un outil travaillé du coin du volet vers le bord du livre, *le tout aveugle* . Barre-rouleau sur les bords, en doré.

2.

MONASTIQUE MODERNISÉ.

Ce style est aujourd'hui très en vogue, sous l'appellation d'antique. Les matériaux employés sont le veau divinité et le maroquin brun ou carme , avec des plats très épais, des tranches soit rouges, brunes ou dorées à passe-partout ; bandes très élevées. Le style de l'ornement est illustré par la planche II, destinée à un tampon latéral à réaliser par la presse. Cela peut également être fait à la main, avec des rouleaux, des filets et des tampons à la main, en omettant le filet large et étroit et en le remplaçant par une ou deux lignes, en travaillant les cercles avec des gouges. Les outils sont tous travaillés à l'aveugle. Ce style de reliure, lorsqu'il est approprié au livre, produit un effet très agréable.

ARABESQUE.

"Le terme est plus communément appliqué aux espèces d'ornements utilisés pour orner les murs, les trottoirs et les toits des bâtiments maures et arabes, consistant en un mélange complexe et hétérogène de fruits, de fleurs, de rouleaux et d'autres objets, à l'exclusion des animaux. , dont la représentation est interdite par la religion mahométane. Ce genre d'ornement est maintenant fréquemment utilisé dans la décoration des livres, des assiettes, etc. Des feuillages très semblables à ceux utilisés par les Arabes, mêlés de griffons, etc., étaient fréquemment employés sur les murs et les frises des temples, et sur de nombreux vases grecs anciens ; sur les murs des bains de Titus, à Pompéi et dans bien d'autres endroits. » – *Dictionnaire universel de Craig.*

En ce qui concerne la finition des livres, nous avons consulté plus d'une autorité et sommes vraiment incapables de définir ce qu'est ou devrait être le style «arabesque». Le terme bien compris "rouan gaufré" en est, à notre avis, l'approche la plus proche à l'heure actuelle.

Planche III. est une adaptation d'un ancien dessin allemand pour le gaufrage. La figure est relevée, la plaque étant travaillée au compteur, dans une presse puissante.

3.

Style allemand ancien pour le travail en relief.

Ce style ne peut être exécuté que sur le travail des éditeurs lorsqu'il existe une quantité du même livre à réaliser dans ce style. Grâce à cela, un bon effet est produit sur un matériau de qualité inférieure et à un coût minime. Les couvertures sont gaufrées avant d'être appliquées sur les volumes, et afin de préserver la netteté du dessin elles doivent être recouvertes de colle et non pressées ensuite.

CHÊNE ANTIQUE ET AUTRES RELIURES.

De grandes variétés de styles dans les couvertures des reliures ont été introduites au cours des dernières années ; mais celles-ci doivent être laissées aux pouvoirs d'imitation de l' ouvrier habile , car aucune description écrite ne fournirait les informations et les conseils requis. S'il désire les exécuter, il fera bien d'étudier un bon spécimen. Entre autres, on peut citer les reliures antiques en chêne, adoptées par M. Murray pour son "Livre de prières enluminé", et par MM. Longman and Co., pour "Gray's Elegy". Également la reliure en fer, c'est- à-dire les couvertures imitant la fonte, dans laquelle

MM. Longman et Cie ont fait relier les « Paraboles de notre Seigneur ». Les Bibles et les prières sont désormais fréquemment tenues d'imiter l'antique, avec de lourdes planches avec fermoirs et coins, et finies dans le style monastique.

FAÇON GROLIER.

Ce beau style d'ornement est si bien illustré par la planche IV. qu'il n'est guère besoin de remarque. Nous observerons simplement que ce style est bien calculé pour le travail manuel, car il présente un caractère tout à fait superficiel. Le motif présenté peut être travaillé avec un congé et des gouges d'une seule ligne, avec quelques feuilles de caractère conventionnel. Le dessin doit d'abord être tracé sur du papier de taille appropriée, le papier légèrement incliné dans les coins avec de la pâte sur le côté, puis travaillé avec le filet et des rainures à travers le papier sur le cuir. Le papier est ensuite retiré et l'impression aveugle apparaît sur le côté. Tous les vestiges du papier sont soigneusement lavés et le motif dessiné au crayon en, c'est-à-dire que chaque partie de la figure est soigneusement tracée avec un fin crayon en poil de chameau saturé de glaire . Une fois sec, on le recouvre légèrement d'un morceau de coton dans lequel on a versé de l'huile douce et on y pose la feuille d'or. Le motif est ensuite retravaillé sur l'or.

4.

Grolier vers 1530.

Le dessin de la planche V. est une élaboration moderne du Grolier et est destiné à une plaque latérale devant être exécutée à la presse à estamper. Il est bien calculé pour l'estampage à blanc ou à blanc, le trait plein produisant par ses intersections un bel effet. En omettant les lignes intérieures et en travaillant les lignes extérieures , cette élaboration de lignes et de cercles peut être travaillée à la main.

5.

Grolier modernisé.

Le Louis Quatorze est illustré, par un motif de dos, sur la planche VI. Cela peut être travaillé soit à la main, soit à la presse. Le motif central est une très jolie illustration du style dominant des dossiers pour les dossiers. Celui-ci doit être tamponné avant que la couverture ne soit appliquée sur le livre.

Le troisième motif pour dos plat est adapté aux outils à main et, lorsqu'il est exécuté sur du veau anglais de couleur claire, il produit une belle apparence. De par son caractère léger et gracieux, il convient bien à la poésie moderne et à la littérature légère en général. Ce style donne place à une variété presque infinie de motifs, régulés uniquement par le goût du finisseur.

6.

Louis XIV. Moderne.Français .

Planche VII. est un dessin dessiné par Holbein pour un ornement latéral en métal. Ce beau motif peut être adapté soit au travail à la main, soit à la presse. Ses proportions gracieuses et harmonieuses doivent être bien étudiées par le jeune ouvrier.

7.

Dessiné d'après un dessin de Holbein AD 1550.

Sur la planche VIII. on trouvera des spécimens de rouleaux et de tampons à main utilisés dans la finition. Les numéros apposés font référence à l'ordre de disposition dans le Book of Patterns publié par Gaskill, Copper & Fry, contenant plus de deux mille spécimens avec leurs prix attachés. Ils possèdent également un nombre immense de modèles, exécutés depuis la publication de leur livre pour relieurs dans diverses régions du pays.

8.

Sélection tirée du Book of Patterns de Gaskill, Copper & Fry (18 Minor S^t .)

Après avoir donné les styles distincts les plus importants, parmi lesquels il existe cependant de nombreuses combinaisons, à la fois de style, d'ornement et d'outillage, dont l'origine est plus indéfinissable que nous n'avons d'espace pour les traiter, nous procédons à la dorure, confiants que ce qui a été signalé à l'attention du jeune ouvrier l'incitera à ne négliger aucune occasion de se familiariser avec les œuvres d'artistes célèbres, non dans le but d'une imitation servile, mais à examiner leurs adaptations de l'art ornemental comme une étude, pour lui permettre pour retracer la décoration superficielle jusqu'à ses créateurs. Ayant acquis ces connaissances, il peut, par son traitement de l'ornement, prendre rang comme artiste.

Les exemples donnés suffiront à l'ouvrier intellectuel pour concevoir de nombreux modèles que son goût suggérera, formant une variété infinie de beaux dessins. Dans toutes les combinaisons, l'observation rigoureuse des proportions symétriques des outils doit être son premier soin, afin que l'union d'un nombre quelconque de dessins présente une forme agréable et chaste. Il serait superflu d'en ajouter davantage ; mais vu l'importance du sujet, en terminant les instructions pour le département ornemental de la reliure, on peut répéter qu'il n'y a pas de plus grande preuve de l'ignorance ou de la négligence de l'ouvrier qu'un ornement de quelque sorte que ce soit inégalement ou inégalement travaillé. Que le jeune relieur surtout se souvienne de ceci : c'est un défaut auquel rien ne peut remédier efficacement ; au lieu d'un embellissement, c'est un préjudice pour la reliure, et sa réputation d'artisan habile est par conséquent mise en péril.

Avant la dorure, le dos doit être bousculé et soigneusement marqué avec un bâton pliant et une règle ou un morceau de vélin, partout où il est destiné à tracer une ligne droite. Cela sert de guide lorsque l'or est posé. Pour un travail de la meilleure classe, les congés doivent être d'abord mis en aveugle, et l'outillage fait de la même manière. Pour les côtés où le dessin est élaboré ou où un certain degré de perfection dans l'outillage est souhaitable, l'ensemble du motif doit d'abord être travaillé à l'aveugle et, après avoir été lavé avec une dilution d'acide oxalique ou une fine pâte de lavage, il doit être soigneusement crayonné avec le glaire -crayon; mais cela relève plus à juste titre du terme

PRÉPARATIONS POUR LA DORURE.

Pour opérer avec succès, il faudra que l'ouvrier se munisse de bonne taille, de glaire et d'huile. Le premier est préparé en faisant bouillir de fines lamelles de vélin jusqu'à ce qu'une bonne taille soit obtenue, d'une consistance qui s'étendra également sur le volume, sans taches ni cordes, et doit être utilisée chaude. La glaire est formée de blancs d'oeufs, bien battus avec un *mousseur* jusqu'à ce qu'ils soient parfaitement clairs, et la mousse retirée. Ce liquide s'améliorera en le conservant et ne doit jamais être utilisé neuf s'il peut éventuellement être évité. Pour les reliures en maroquin , la glaire est parfois diluée avec de l'eau. L'huile adoptée par différents liants est différente. Certains utilisent l'huile de palme pour le veau, l'huile douce pour le Maroc ou la Russie ; d'autres préfèrent le saindoux de porc, ou la bougie en moisissure fine , pour les veaux clairs ; mais l'huile douce convient bien à presque tous les types de cuir. Le format vélin est la meilleure préparation pour les veaux de couleur . Sur les livres ainsi préparés, la glaire doit être appliquée deux ou trois fois, en ayant soin que chaque couche soit bien sèche avant d'ajouter la suivante, et qu'elle repose parfaitement sur toute la surface, exempte de globules ou de quelque substance que ce soit. Un grand soin est requis lors de la préparation du veau coloré ; car s'il y a trop de corps dans la préparation, elle se fissurera en surface et présentera un mauvais aspect. Le maroquin et le rouan ne nécessiteront pas plus d'une couche et, lorsque cela est possible, seulement sur les parties du maroquin qui doivent être dorées. L'état du temps doit toujours déterminer le nombre de volumes à traiter en même temps, car en hiver, le nombre peut être doublé par rapport à ce que permet la sécheresse d'une journée d'été, afin de travailler en toute sécurité et de produire. effet. Un bon lavage à la pâte avant le glaire est toujours conseillé, car il évite que le glaire ne s'enfonce dans le cuir.

En préparant du glaire à partir de l'œuf pour un usage immédiat, quelques gouttes d'acide oxalique ajoutées à celui-ci se révéleront d'un service essentiel.

Les volumes étant ainsi préparés, l'exploitation de

DORER LE DOS

On commence par huiler légèrement, avec un petit morceau de coton, toute la longueur du dos. Si le livre est simplement destiné à être *fileté* pour économiser l'or, des petites bandes sont découpées sur le coussin d'or, attachées au filet chauffé en l'enroulant légèrement, et apposées sur le volume en le passant fermement sur les lignes préalablement marqué. Mais si l'on veut que le dos soit entièrement orné, il faudra le recouvrir entièrement de feuilles d'or.

Les timbres manuels doivent être disposés sur la table devant lui, de manière à pouvoir être choisis avec la plus grande facilité et prêts à servir à tout usage pour lequel ils pourraient être nécessaires.

Pour poser l'or, l'ouvrier prend un livre de métal, ouvre la feuille extérieure et passe le couteau sous l'or ; avec cela il le soulève, le transporte régulièrement sur le coussin, et l'étale parfaitement uniformément, par un léger souffle sur le milieu de la feuille, en prenant soin aussi que pas le moindre courant d'air n'accède à la pièce qu'il exploite. Ensuite, l'or doit être coupé avec le couteau à or selon la largeur et la longueur des endroits à couvrir, en posant le bord dessus et en déplaçant légèrement le couteau d'avant en arrière. Frottez ensuite sur le dos l'huile, et appliquez l'or sur les endroits à orner avec un coton ou une pointe, frotté sur le front ou les cheveux pour leur donner une légère humidité et faire adhérer l'or. Mais si tout le dos doit être doré, il sera plus économique de le recouvrir entièrement en coupant l'or en lamelles sur la largeur du livre et en y appliquant le dos ; ensuite, pressez-le fermement avec le coton , avec lequel il faudra également couvrir les éventuelles cassures de l'or, en plaçant de petites lamelles là où cela est nécessaire. L'humidité des cheveux ou du front sera suffisante pour faire adhérer l'or au coton ou à tout autre instrument avec lequel il pourra être transporté jusqu'au livre. Le filet ou le rouleau doit ensuite être chauffé à un degré adapté à la substance sur laquelle il doit être travaillé. Le veau en aura besoin plus chaud que le maroquin et le rouan, et ceux-ci plus chauds que la Russie et le vélin. Pour s'assurer de leur propre chaleur, on les applique sur une éponge humide, ou on les frotte avec le doigt mouillé, et par le degré d'ébullition que fait l'eau, on connaît leur aptitude ; mais un peu d'exercice et d'habitude rendront ce jugement facile. Pour garantir davantage cela, le rouleau ou la palette est passé sur le capuchon du bandeau ; s'il est trop chaud, l'or sera terne ; s'il est trop froid, l'impression sera mauvaise, car l'or n'adhère pas partout.

Une fois l'or posé, le volume est posé sur le côté, le dos surélevé, et l'ouvrier procède à l' onglet des filets qui s'étendent dans le sens de la longueur du dos, en commençant par la ligne qui a été tracée à travers le dos, en appuyant légèrement. avec la pointe du rouleau à onglet et en le faisant passer avec précaution jusqu'à proximité de la ligne qui marque l'extrémité du panneau ; puis soulevez le filet et tournez-le avec le doigt jusqu'à atteindre l'autre onglet ou onglet inversé , ou encoche dans le filet ; placez ensuite le filet dans les lignes déjà dorées, en l'ajustant avec la main gauche jusqu'à ce que la pointe extrême de la mitre atteigne juste la ligne tracée en travers. Une fois que les deux bords du dossier ont été ainsi réalisés le long du joint, le volume est ensuite placé uniformément dans la presse de finition et les panneaux sont complétés en réalisant des onglets sur les congés qui traversent le dossier. L'ensemble de l'opération nécessite le plus grand soin, afin d'avoir des lignes parallèles et des onglets parfaitement réguliers et vrais. Aucun ornement qui peut ensuite être travaillé sur le dos, si beau soit-il, ne peut expier la négligence ou le manque d'habileté dans l' onglet et le déroulement des filets. Pour des raisons d'économie, le dos est parfois relevé ; c'est-à-dire qu'au lieu de s'arrêter à l'intersection des lignes ou des bandes, le rouleau remonte le dos d'un bout à l'autre, sans s'arrêter ; et, après avoir essuyé l'or le long de la jointure extérieure du filet, on le passe sur le dos de chaque côté des bandes, ainsi que sur la tête et la queue de la même manière. Une fois le dos coupé en onglet , le finisseur procédera aux outils ornementaux et les éliminera soigneusement. En les plaçant, il faut faire très attention à ce qu'ils occupent exactement la même place dans chaque panneau ; et, afin de présenter un effet agréable, les outils doivent correspondre en détail, et il doit y avoir une adéquation géométrique régissant la sélection et la disposition des outils.

Le choix judicieux des ornements pour le dossier est de la plus haute importance. Par exemple, les représentations d'animaux, d'insectes ou de fleurs, qui ne conviennent qu'aux ouvrages d'histoire naturelle, d'entomologie et de botanique, ne devraient jamais figurer au dos des ouvrages de littérature générale, car ce serait une marque de mauvais goût ou de mauvais goût. négligence.

Chaque outil doit être beau en soi, car aucune accumulation d'outils déformés ne peut constituer un bel ornement. Il n'y a aucune objection aux rouleaux, feuilles, fleurs, arrêts ou tout autre type d'ornements habituels ; seulement qu'ils soient tous beaux en eux-mêmes. Il convient d'introduire une harpe sur un livre de chants, une tête de cerf sur un livre de chasse, un motif ecclésiastique reconnu sur un livre de divinité ou un livre de prières ; un dessin grec ou romain sur une œuvre classique, ou un dessin gothique sur un livre d'architecture gothique.

Si l'on désire présenter au dos simplement un lettrage ornemental en tête, divergeant jusqu'à un point vers le milieu du livre, et le reste du volume laissé en clair, il faudra imprimer les outils préalables au glairage. , puis appliquez le glaire avec un crayon en poil de chameau dans les empreintes formées par les outils. Une fois sec, recouvrir d'or et réimprimer l'outil dans les marques préalablement faites, et écrire le titre. Ce procédé est adopté dans tous les modèles où une partie du dos est destinée à rester mate en étant exempte de reflets .

Le titre doit ensuite attirer l'attention, et les lettres placées dessus, soit seules, soit ensemble, avec des caractères en laiton correctement fixés dans la chasse-main. S'il s'agit de lettres simples, la queue du volume doit être abaissée d'environ un pouce, et l'ouvrier passe un fil de soie sur l'or pour diriger les têtes des lettres. En prenant chacune séparément, il les place au dos avec la main droite, en maintenant la lettre avec l'index de la gauche. Si le titre est réglé dans la poursuite, placez le volume uniformément dans la presse et appliquez fermement le titre, guidé par le pouce. Dans les deux cas, le titre doit être justifié, pour produire le meilleur effet, en prenant soin d'éviter, si possible, d'avoir deux lignes de même longueur ; et, lorsque le titre peut être mesuré, comme dans le type, il convient de s'assurer du centre exact avant de l'appliquer chauffé sur l'or. Le dos peut maintenant être considéré comme terminé. L'or qui n'a pas été imprimé par les outils à dorure doit être bien frotté avec le *chiffon d'or* et minutieusement nettoyé avec un morceau de flanelle fine ou de caoutchouc indien, de manière à montrer aussi parfaitement et clairement les lignes délicates des ornements. que possible. Il convient de prêter attention à ce point particulier ; car, qu'un livre soit terminé de la manière la plus élégante possible, à moins qu'il ne soit bien nettoyé, l'effet est entièrement perdu. S'il est en veau, il faut maintenant le polir, puis procéder aux carrés et aux bords des planches.

DORER LES CARRÉS, ETC.

Pour dorer les bords des planches, on prendra l'or comme pour les bandes, — sur le rouleau, — et on tiendra fermement le volume de la main gauche ; mais, s'il est grand, mettez-le sous presse entre les planches, afin de ne pas blesser le dos. Lorsque l'ornementation du carré intérieur est simple, il conviendra de procéder de la même manière, en appliquant l'or, en reposant la planche ouverte sur une élévation égale à l'épaisseur du livre. Mais si le carré a été laissé grand, avec un joint de cuir, pour permettre un remplissage plus élaboré, l'or doit être étendu sur tout l'espace avec la pointe et pressé étroitement avec le coton. La dorure est ensuite procédée de la même manière que celle détaillée dans les instructions pour les ornements latéraux.

DORE LES CÔTÉS.

Les côtés, en offrant plus d'espace, sont la partie du volume sur laquelle l'ouvrier peut et doit montrer son goût et son habileté en dorure. La procédure est la même que celle indiquée précédemment, où un simple rouleau est le seul tour d'ornement ; mais là où le dessin est étendu et les détails minutieux, il est nécessaire de faire travailler le tout à l'aveugle sur le volume avant de glairer, puis d'appliquer l'or. Si l'on fait une face à la fois, le livre est pris par les feuillets avec la main gauche, le plateau destiné à être couvert reposant sur le pouce, et l'or posé dessus comme pour les carrés, soit sur toute la face, soit sur telle ou telle face. pièces comme l'indique le motif. Si le volume est petit, l'or peut être posé des deux côtés et les feuilles du volume placées dans la presse de finition, permettant ainsi aux planches de reposer sur sa surface. Cela offre une plus grande facilité pour placer uniformément et systématiquement les congés, les rouleaux et les outils nécessaires pour terminer la conception de chaque côté. Lorsque le motif n'a pas été marqué et qu'on n'a procédé qu'à un côté, le rouleau est passé en ligne droite, qui doit être fait, avant de recouvrir d'or, sur la planche par la jointure du dos, le volume tourné pour le tête et queue, et posés ouverts sur la planche pour le bord avant, pour lui donner la fermeté nécessaire.

Des instructions pour exécuter les dessins les plus élaborés ont été données précédemment, par lesquelles on comprendra qu'il ne faut que du goût et une juste observation de la similitude du dessin et des proportions géométriques des ornements pour les exécuter dans une certaine mesure. Une variation de cette règle détruirait l'effet de l'ensemble du motif : il sera donc avantageux pour ceux qui ne sont pas pleinement au courant de l'art de s'aider de dessins dessinés sur du papier cartouche, qui peuvent être marqués à travers sur le papier. cuir et le motif exécuté en or ou en aveugle selon les besoins. En tout, la dorure sera la même, soit en reluisant toute la couverture après estampage du dessin, soit, si la partie unie doit être laissée mate, en reluisant les impressions uniquement avec un crayon en poil de chameau.

DORURE SUR SOIE ET VELOURS.

Les procédés nécessaires à adopter pour la dorure sur soie et velours sont, par la nature délicate de ces matières, différents de ceux prescrits pour la dorure sur cuir. Le glaire utilisé sur ces derniers aurait tendance à tacher, et il faut donc employer d'autres moyens pour fixer l'or. Cela se fait en séchant les blancs d'œufs et en les réduisant en poudre, qu'on met dans une petite bouteille et qu'on noue étroitement avec un morceau de mousseline fine, ce qui permet de la répartir également sur l'espace destiné à être doré. Cependant, la gomme-sandarac est maintenant plus généralement utilisée à cette fin, bien que certains utilisent la gomme-copal. La poudre étant appliquée, l'or est découpé en barbotines et prélevé sur un rouleau d'une circonférence égale à la longueur de l'espace destiné à être appliqué. Le dessin est ensuite fermement imprimé, et l'or superflu est brossé avec une brosse douce ou un morceau de coton propre, et l'autre côté est également exécuté. En lettrage ou en fixation d'outils isolés au dos, il faut procéder de la même manière, en prenant l'or dessus et en l'appliquant au dos ou sur le côté du volume. Lorsque le dessin est grand ou qu'un travail élaboré est requis, il sera préférable de l'exécuter de la manière suivante : — Le dessin doit être dessiné sur papier et travaillé sur soie, après quoi l'impression doit être soigneusement glaireuse avec un poil de chameau. crayon; une fois sec, frotter les parties destinées à l'or avec le doigt passé dans les cheveux ou avec un chiffon propre légèrement huilé, et, après avoir posé l'or comme indiqué pour les autres styles, réimprimer les outils, et *fouetter* l'or superflu avec un flanelle propre.

Comme il n'y a pas d'humidité dans la soie, l'ouvrier ne doit pas s'appliquer en même temps autant qu'il le fait sur le veau et d'autres substances.

RELIURE LUMINEUSE.

Ce style, invention des Français, fut quelque temps gardé par eux dans le plus grand secret. Il s'agit d'une reliure de la plus grande magnificence, unissant les beautés variées de l'arabesque et des ornements dorés, mélangées aux décorations enluminées vues sur les premiers MSS. avant l'invention de l'imprimerie. Lorsqu'il est exécuté de la meilleure manière, rien ne peut surpasser la beauté de l'ensemble *du coup- d'œil* , rivalisant, en splendeur , avec le dessin le plus élaboré du peintre. Le temps qu'il fallait consacrer, lors de sa première introduction, à un seul spécimen, paraissait devoir confiner ce genre d'ornement aux plus beaux trésors de la littérature, et même à eux dans une mesure limitée. Cependant, les progrès des machines et le progrès rapide des arts ont, en quelques années, amené ce style à un usage très général pour les albums et autres ouvrages où l'on adopte des couvertures embellies ; et même sur les reliures rouannes bon marché utilisées pour les Bibles, les Prières, etc. cela se voit ; bien qu'en réalisant ce bon marché, il faut partir du principe qu'une méthode moins durable est adoptée.

Pour exécuter les desseins les plus élaborés, la pratique et le goût des arts serviront ici seuls à l'ouvrier ; sans ces conditions, il serait vain de tenter une telle tentative. Mais comme les procédures doivent être exécutées avec le plus grand soin, nous aborderons pleinement celles qui sont nouvelles, et, à cause de leur importance, au risque de passer pour prolixes, nous aborderons encore celles qui ont pu être traitées auparavant .

La description d'une partie aura pour but de faire comprendre pleinement la procédure. Qu'il s'agisse de maroquin ou de vélin blanc, il doit être lavé, s'il y a lieu, parfaitement propre et laissé sécher. La première opération sera, s'il s'agit d'un travail d'estampage, de placer le côté sur le lit de la presse à estamper et d'y imprimer hardiment le dessin. Les plus élégants et capables du plus grand déploiement de couleurs sont les sujets de botanique et d'histoire naturelle. L'étape suivante consistera à glaire avec un crayon en poil de chameau les parties de l'impression qui doivent être ensuite recouvertes d'or. Ceci fait, on peut procéder à la délicate opération de coloration . A Londres et à Paris, cette œuvre est exécutée par des artistes de métier qui ne sont nullement familiarisés avec la reliure. Les couleurs à utiliser doivent être telles qu'elles ne pâlissent pas du tout ou très peu à l'exposition à l' air ou au soleil, telles que le carmin, l'outremer, l'indigo, la terre de Sienne brûlée, le gamboge et le vert de sève. Ceux-ci doivent être préparés avec de la gomme fine, de la même manière que pour la peinture, et être légèrement et délicatement posés sur les parties du dessin que la couleur est censée occuper, en prenant soin que la couleur de fond ou le cuir soit entièrement caché. . Que tout soit fidèle à la nature, que chaque oiseau, chaque plante et chaque fleur ait sa propre couleur et qu'une harmonie générale prévale partout. Une fois terminé, laissez le tout parfaitement sécher, puis, de la manière indiquée, déposez de l'or sur les parties destinées à être encore embellies dans la réimpression de la plaque. Chauffez la plaque, replacez le côté en dessous et donnez-lui une impression ferme et nette. Frottez l'or superflu, et toutes les lignes délicates de l'ornement se retrouveront magnifiquement dorées, les couleurs fermement fixées par la chaleur de la plaque, et les aspérités de la couleur complètement effacées par la réimpression du dessin original.

Dans l'exécution des modèles les moins coûteux et les plus simples, la plaque est imprimée en or sur le côté et les parties laissées non dorées sur le cuir ; ensuite coloré selon le goût de l'ouvrier.

Pour un travail optimal, une fois le dessin imprimé, soit à la main, soit à la presse, des pièces sont découpées dans des matériaux de couleurs variées. maroquin , épuré et soigneusement collé sur le côté, le dessin, une fois travaillé, dissimule entièrement les bords du maroquin . C'est ce qu'on appelle le travail marqueté.

OUTILLAGE AVEUGLE.

C'est une opération ornementale, appliquée soit avant, soit après que le livre ait été doré et poli, et, si judicieusement mêlée à l'or, ne manquera pas de présenter un bon effet. C'est un style très utilisé ces dernières années, et exécuté de la même manière et avec les mêmes outils que pour la dorure, mais sans aucun or appliqué aux endroits ainsi ornés. Les rouleaux, palettes et petits outils sont appliqués à la main et les grandes plaques à la presse, avec les mêmes précautions indiquées dans la section précédente. Si le motif est constitué de lignes droites et que l'ouvrier possède un bon œil, la meilleure manière de l'exécuter est de se servir d'une palette, de la placer fermement sur le livre et de la faire glisser vers le point opposé. Il reste donc à considérer les questions qui s'appliquent plus immédiatement à ce style de décoration.

Les outils pour le façonnage à l'aveugle ne doivent pas être aussi chauds que pour la dorure, et particulièrement pour le maroquin . Si l'on veut qu'il soit mat, c'est-à-dire exempt de reflets , les particules qui se fixent sur le bord des ornements en or doivent être enlevées avec le bout du doigt, enveloppées dans un morceau de tissu fin et mouillées. . Cela le lavera bientôt et, une fois secs, les ornements aveugles pourront être traités.

Le grainage peut être à juste titre considéré comme un ornement aveugle. C'est ici qu'au moyen de plaques de bois ou de métal, les faces d'un livre sont marquées de lignes croisées les unes sur les autres, de manière à former d'innombrables petits carrés à l'imitation de la Russie , ou à l'imitation du grain du maroquin , des écailles de poisson et autres substances. L'opération s'effectue en plaçant le volume entre les deux plaques même par la rainure du dos, dans la presse debout, et en l'appuyant fermement, de manière à ce que la plaque soit également imprimée sur toute la surface. Rien ne paraîtra pire qu'une impression audacieuse à un endroit et légère à un autre ; et c'est pourquoi il devient important de veiller à ce qu'il soit uniformément pressé, car on ne trouvera jamais une seconde application d'une sorte de plaque fixée aux mêmes endroits.

MONASTIQUE MODERNISÉ OU ANTIQUE.

Ce style, qu'il soit réalisé à la main ou à la presse, demande soin et patience de la part de l'ouvrier, afin de faire ressortir les outils noirs, sans brûler ni blesser autrement le cuir. Nous avons consacré beaucoup de temps à des expériences, afin d'arriver au mode le plus sûr et le plus parfait pour produire le résultat désiré. Le style émanait de la reliure de M. Hayday ; et un volume exécuté dans ce style pour un connaisseur de cette ville, avec un travail d'un noir brillant, est tombé entre nos mains il y a quelques années, et nous nous sommes aussitôt mis en devoir de tenter de produire les mêmes effets. Pendant un certain temps, nos efforts se sont limités à l'outillage manuel ; et, bien que d'un effet inférieur, ils furent généralement bien reçus ; mais nous étions loin d'être satisfaits. Nous avons essayé toutes les substances imaginables, rendu le cuir et les outils chauds et secs, ou humides et froids, la raison semblant indiquer que l'une ou l'autre était la méthode appropriée. Nous allons maintenant communiquer les résultats de nos travaux : — En premier lieu, le matériel est de la plus haute importance ; et les plus beaux effets ne peuvent être produits que sur du veau anglais ou du maroquin . Le veau d'Amérique est tout à fait hors de question pour cet usage, car le maroquin est trop dur en surface, et il n'y a pas assez de couleur dans le corps pour que les outils le tirent et le fixent à chaud à la surface ; mais certaines espèces sont mieux adaptées à cet usage que d'autres. Pour le vérifier, appliquez le bout de la langue sur le cuir, et si l'humidité reste en surface, sans pénétrer, rejetez-la ; mais si l'humidité pénètre instantanément dans le cuir, le plus vite sera le mieux, l' ouvrier peut continuer avec quelques espoirs de succès. Une fois le volume recouvert et prêt à être fini, lavez-le uniformément avec de l'eau propre ; et, dès que l'eau cesse de rester à la surface, appliquez l'outil modérément chauffé ; cela fera apparaître la couleur sombre . Revoyez-le ensuite avec l'outil, de manière à rendre les impressions claires et lumineuses. Il existe cependant certaines couleurs , ainsi que des fabrications particulières, qui ne ressortent pas en noir ; et nous avons longtemps été convaincus qu'une certaine matière colorante était employée. Nous avons écrit à un ami à Londres, qui nous a envoyé le matériel et la méthode de son utilisation. Le matériau était de l'encre d'imprimerie courante. Sa communication, nous la rendons désormais publique. "En premier lieu, le cuir doit être assez humide et les outils utilisés doivent être aussi chauds que possible sans l'encre de l'imprimante. Ensuite, nous avons à nouveau imprimé l'encre de l'imprimante sur les outils. Nous remettons les outils plus gros sans encre. "Lorsque l'encre est utilisée sur les outils, le cuir doit être plutôt humide et les outils peu chauds. Lorsque le motif est travaillé de la manière décrite, il doit être laissé sécher, puis brossé avec un pinceau pas très chaud. rigide, ce qui donnera un brillant brillant à l'outillage." Lorsque vous utilisez de l'encre d'imprimante, veillez à ne pas trop en mettre sur les outils.

Que le jeune ouvrier se contente de suivre les instructions données, et, avec un peu de patience et de réflexion, il sera capable d'accomplir un travail du caractère en question, pleinement égal aux efforts du meilleur ouvrier, pourvu que les outils soient travaillés fidèlement et correctement. même.

POLISSAGE.

Les détails de cette opération, qui s'effectue immédiatement après le travail des ornements en or, ont été réservés afin que l'ensemble du département ornemental puisse rester ensemble. Le maroquin, le rouan, la soie et le velours, ainsi que les ornements aveugles sur aucune substance, ne doivent jamais être soumis à l'action du polisseur. Un frottement astucieux avec un morceau de veau rugueux suffira pour les deux premiers , et le velours ou la soie nécessiteront simplement un nettoyage avec n'importe quelle substance lisse ou avec du caoutchouc indien.

Il y a deux polissoirs, un pour le dos et les bandes, et un autre pour les côtés. L'huile appliquée sur le couvercle avant la pose sur l'or sera suffisante pour que le polisseur glisse facilement sur la surface. La polisseuse doit être chauffée et bien nettoyée sur une planche, et passée rapidement et uniformément sur le dos, les côtés ou les joints, selon le cas, en prenant particulièrement soin qu'elle ne soit pas trop chaude, car la glaire serait ainsi retournée. blanc et l'ouvrage est endommagé en apparence, ni assez froid pour donner un mauvais poli.

Le livre, comme doré, doit être d'abord poli au dos, en le prenant avec la main gauche, en le posant sur la table, et poli avec la main droite en glissant d'avant en arrière la partie lisse du polissoir sur toute l'étendue du livre. l'arrière. Cela non seulement polit la surface, mais adoucit les empreintes formées sur le cuir par les outils à dorure, faisant remonter la dorure à la surface. Le polisseur ne doit être passé que sur les endroits qu'on veut rendre brillants, et il faut avoir grand soin de ne pas toucher aux endroits destinés à rester ternes.

On polit de même les côtés, en posant le volume sur la table recouverte de feutrine, et en passant rapidement le gros fer dessus, d'abord de l'avant vers la rainure, puis, en tournant le volume en sens inverse, de l'avant vers la rainure. queue à la tête.

Si le joint demande à être poli, le livre est posé devant l'ouvrier, la queue vers lui, et le fer appliqué du côté voisin de la rainure, polissant toute la longueur de la planche ; puis, tournant autour du volume et ramenant vers lui l'avant-bord, il polit le côté de l'avant-bord, et, tournant encore, achève le tout en polissant les parties de tête et de queue.

En plus du polissage, il est souhaitable de donner aux parois la plus grande douceur possible en les pressant entre des boîtes ou des cornes polies. Ceux-ci sont placés de chaque côté du livre au niveau de la rainure, placés entre des planches à presser, vissés fermement dans la presse et laissés pendant quelque temps.

COLORATION.

Des peaux de veau de teintes uniformes, et également saupoudrées, peuvent maintenant être obtenues auprès des fabricants anglais ; pourtant, dans de nombreuses localités, ils sont difficiles à obtenir. Nous faisons donc connaître les substances chimiques et les ingrédients nécessaires pour les exécuter de la meilleure manière. Le marbrage est un processus qui doit être exécuté par le relieur sur la couverture et, avec de nombreux autres styles de renouveau, il redevient à la mode. Les recettes données pour les marbres et les dessins supérieurs présenteront, sans doute, cette branche de l'art sur un pied plus élevé, au point de vue général, qu'on ne lui accorde habituellement ; et l'on affirme avec assurance qu'aucun d'entre eux ne se révélera un échec, si l'on se contente de prêter attention aux instructions. Rien n'a été omis dans la description des substances les plus utiles, de la manière de les préparer et des procédés à adopter, qui puissent tendre à donner aux couvertures toute l'élégance et la splendeur dont elles sont susceptibles. A l'aide de ceux-ci, aidé par quelque goût, l'ouvrier peut varier les dessins presque à l'infini ; mais il faut admettre que, s'il n'est pas dévoué à son art, aucune simple direction ou aucun avantage fortuit ne lui permettra de réussir dans les opérations les plus compliquées ou les plus délicates, tandis qu'avec de l' ardeur pour cet art, toutes les difficultés seront facilement surmontées.

PRÉPARATIONS CHIMIQUES.

Sous cette rubrique sont compris *l'eau régale* , ou esprits tués, *l'acide nitrique* , *l'eau de persillage* et *la glaire* préparée pour le persillage.

EAU RÉGALE,

Ainsi appelé à cause de son pouvoir de dissoudre l'or, est un mélange d'acide nitique (*aquafortis*) et d'acide muriatique, (esprits de sels), privé de ses qualités brûlantes par le bloc d'étain qu'il dissout. On l'appelle par les chimistes *acide nitro-muriatique* : le muriatique contient aussi une portion d'alcali, qui donne au rouge une teinte vineuse, et pour laquelle il est principalement employé.

Les deux substances doivent être de la qualité la plus pure, d'une concentration de trente-trois degrés pour l'acide nitrique et de vingt degrés pour l'acide muriatique. Ils doivent être mélangés avec la plus grande précaution. Après s'être muni d'un flacon en verre transparent, au col assez long, capable de contenir le double de la quantité à préparer, placez-le sur un lit de sable, l'ouverture en haut, et versez-y *une partie* d'acide nitrique pur et *trois* d'acide chlorhydrique. Laissez les premières vapeurs se dissiper, puis couvrez l'orifice avec une petite fiole, qui ne doit pas trop confiner la vapeur , car la bouteille risquerait d'éclater, mais qui en retient le plus possible sans risque. En bloc d'étain, il faut ensuite verser dans la bouteille un huitième du poids de l'acide, en petits morceaux, petit à petit, en bouchant l'orifice de la fiole. L'acide attaquera immédiatement l'étain et le dissoudra, lorsqu'il faudra en mettre une seconde portion avec la même précaution, et ainsi de suite jusqu'à ce que le tout soit dissous. L'étain *de Malacca* est le meilleur à utiliser, et s'il est pur, il n'y aura pas de sédiments ; mais comme on ne peut pas toujours l'obtenir, il restera un sédiment noir. La vapeur ayant cessé, l'acide doit être versé dans des bouteilles et fermé avec des bouchons de verre, pour le conserver. Lorsqu'elle est utilisée, une partie est prélevée et mélangée avec *un quart* de son poids d'eau distillée.

Il est d'usage chez certains ouvriers d'effectuer cette opération dans un verre commun ; mais, comme la vapeur est ainsi entièrement dispersée, la composition perd une partie considérable de sa meilleure qualité, car on observera, si on l'effectue dans une bouteille comme indiqué ci-dessus, que la vapeur prend une teinte rouge, qui ne s'échappe pas si la vapeur est ainsi entièrement dispersée. le goulot de la bouteille soit d'une longueur suffisante.

UN AUTRE.

Certains relieurs adoptent la méthode suivante ; mais, comme il n'est pas capable de produire une beauté et une clarté de couleur égales à celles indiquées ci-dessus, il ne sera pas conseillé de l'utiliser. Le premier sera également efficace pendant une période indéterminée, mais celui-ci ne durera pas plus de deux ou trois mois.

Mettez dans un pot de pierre de taille brune deux onces de *sel ammoniac en poudre* , six onces d' *étain fin de Malacca* , en bandes ou en gouttes, douze onces d'eau distillée, et enfin une livre d' *acide nitrique* à trente-trois degrés. Laissez le tout jusqu'à ce que la boîte soit dissoute, puis versez et mettez en bouteille comme indiqué ci-dessus.

VITRIOL-EAU.

Le vitriol, tel qu'il est vendu à l'état pur, ne convient pas pour le marbrage ou l'aspersion, car il corroderait et détruirait le cuir. Il faut l'affaiblir au moins dans la proportion d'une once de vitriol pour trois d'eau.

L'EAU DE MARBLING.

Il est d'usage chez beaucoup d'utiliser l'eau pure ; mais on constatera que quelques gouttes de *potasse liquide* mélangées à ce liquide produiront un meilleur effet, le marbre étant rendu plus distinct.

GLAIRE.

Mettez de l'alcool de vin dans une proportion de deux gouttes pour les blancs de douze œufs, et battez bien le tout jusqu'à ce qu'il soit parfaitement clair.

PRÉPARATIONS DES COULEURS.

Les préparations utilisées par les différents relieurs varient beaucoup, comme le montreront les recettes données pour les mêmes couleurs , que nous jugeons nécessaire de consigner, que rien en rapport avec le sujet ne doit être omis, en supposant que chaque couleur peut être utilisée pour produisant les résultats les plus satisfaisants. Il convient peut-être aussi d' observer que l'ensemble des bois et autres ingrédients utilisés doivent être préalablement réduits en poudre ou réduits en petits morceaux, les couleurs étant ainsi bien mieux extraites.

NOIR.

1. Dissoudre une demi-livre de cuivre vert dans deux litres d'eau. L'oxyde contenu dans le sulfate de fer va se combiner au tannage du cuir et produire un bon noir.

2. Faites bouillir dans une marmite de fonte un litre de vinaigre, avec une quantité de clous rouillés ou de limaille d'acier, jusqu'à réduction d'un tiers, en enlevant l'écume à mesure qu'elle monte vers le haut. Ce liquide s'améliore avec l'âge. Pour maintenir la quantité, faites bouillir avec plus de vinaigre.

3. Un liquide moins cher peut être produit en faisant bouillir deux pintes de bière et deux pintes d'eau avec deux livres de vieux fer et une pinte de vinaigre, en les écumant comme auparavant et en les mettant en bouteille pour les utiliser.

BRUN.

1. Une demi-livre de bonne potasse dantzique ou américaine dissoute dans un litre d'eau de pluie et conservée dans une bouteille bien bouchée.

2. Sels ou huile de tartre, dans les mêmes proportions que ci-dessus.

3. Un beau brun peut être obtenu à partir des coquilles vertes des noix. Pour préparer cela, une quantité de coquilles vertes, lorsque les noix sont cueillies, doit être pilée dans un mortier pour en extraire le jus, puis mise dans un récipient capable de contenir une quantité d'eau suffisante. L'eau étant mise dedans, le tout doit être fréquemment remué et laissé tremper, le récipient étant couvert. Ensuite, le liquide doit être passé au tamis, le jus bien exprimé et mis en bouteille avec du sel commun pour être utilisé. Ce liquide, après fermentation, produira les meilleurs effets, pour les teintes uniformes, car il tend à adoucir le cuir et ne se corrodera pas.

BLEU.

1. Il est habituel avec de nombreux liants d'utiliser *le Scott's Liquid Blue* , mais il faut connaître la préparation de la couleur . Peut-être la meilleure et la plus simple que l'on connaisse est celle donnée par *Poerner* , qui est la suivante : Dans quatre onces d' acide sulfurique à 66 degrés, mélangez graduellement une once d'indigo finement en poudre, de manière à former une sorte de pulpe. Placez le récipient dans un autre récipient contenant de l'eau bouillante pendant quelques heures, puis laissez-le refroidir. Ensuite, mettez-y une petite portion de bonne potasse, sèche et finement pulvérisée, remuez bien le tout et laissez-le reposer pendant vingt-quatre heures, une fois mis en bouteille, et utilisez-le selon les besoins. Cette couleur apparaîtra presque noire, mais peut être rendue à n'importe quelle nuance en y ajoutant de l'eau. S'il reste une portion après dilution, elle doit être mise dans un flacon séparé, car si elle était mélangée à la première préparation, le tout serait détérioré.

2. Un bleu plus prêt peut être préparé en mélangeant une once d'indigo en poudre avec deux onces d'huile de vitriol, et en le laissant reposer pendant vingt-quatre heures, puis en ajoutant douze onces d'eau pure.

VIOLET.

Faites bouillir une demi-pinte d' archill ou de bois de campanule avec du vinaigre et de l'eau, de chaque demi-pinte.

LILAS.

Comme pour le violet, avec l'ajout d'environ deux cuillères à soupe de potasse.

VIOLET.

Une demi-livre de copeaux de bois de bûche et une once de poussière du Brésil, bouillis sur un bon feu dans quatre pintes d'eau jusqu'à réduction de moitié, et laissés à clarifier. Ajoutez ensuite une once d'alun en poudre et deux grains de crème de tartre, et faites bouillir à nouveau jusqu'à dissolution. Ce liquide doit être utilisé tiède.

FAON.

Dans deux pintes d'eau, faites bouillir une once de bronzage et une portion semblable de noix de galle, jusqu'à ce qu'elle soit réduite à une pinte.

JAUNE.

1. À une once de bon safran, curcuma ou baies françaises cuits, ajoutez une portion d'alcool de vin ou *d'eau régale* et laissez macérer le mélange. Ce liquide s'utilise froid et peut être varié en n'importe quelle teinte en ajoutant de l'eau si nécessaire.

2. Dans deux pintes d'eau, mettez huit onces de baies françaises et faites bouillir jusqu'à réduction de moitié. Passez-le ensuite au tamis ou au coton fin, ajoutez une petite quantité d'alun en poudre, et faites bouillir de nouveau en l'utilisant tiède.

ORANGE.

Dans une pinte et demie de liquide de potasse, faites bouillir un quart de livre de copeaux de fustique jusqu'à ce qu'ils soient réduits de moitié ; puis mettez-y une once de bon *rocou* bien battu, et, après ébullition, une petite portion d'alun, et utilisez chaud.

VERT.

1. Le mélange liquide bleu et jaune conviendra mieux à un usage général.

2. Dissoudre dans une bouteille une once de vert-de-gris dans une once de vinaigre de vin blanc, et placer le tout devant un feu pendant quatre ou cinq jours, en secouant fréquemment la bouteille.

ROUGE.

Il existe trois sortes de rouge, à savoir : commun, fin et écarlate.

Commun. — 1. Dans une bouilloire en fer blanc, faites bouillir une demi-livre de bois du Brésil, huit grains de noix de galle, tous deux en poudre, et trois pintes d'eau, jusqu'à ce que le tout soit réduit d'un tiers. Ajoutez ensuite de l'alun en poudre et du sel -ammoniaque, d'une once de chaque, et une fois dissous, passez au tamis. Ce liquide doit toujours être utilisé tiède.

2. Faites bouillir un quart de livre de poussière du Brésil, deux onces de cochenille en poudre et un peu d'alun dans deux pintes du meilleur vinaigre, jusqu'à ce qu'un rouge vif soit produit. Utiliser tiède.

Bien. — 1. Dans trois litres d'eau, faites bouillir une demi-livre de poussière du Brésil et une demi-once de noix de galle en poudre. Passer le tout dans un coton fin, et remettre le liquide sur le feu, en ajoutant une once d'alun en poudre et une demi-once de sel -ammoniac. Faites bouillir à nouveau le tout, puis ajoutez une portion d' *eau régale* , selon la teinte désirée, et utilisez tiède.

2. Un procédé plus rapide et moins coûteux consiste à mettre dans une tasse une portion de bois du Brésil et à y ajouter le *eau régale* , en laissant reposer un quart d'heure pour extraire la couleur .

Écarlate. — À une once de galles blanches et une once de cochenille, toutes deux finement réduites en poudre, ajoutez deux pintes d'eau bouillante. Après un certain temps d'ébullition, ajoutez une demi-once d' *eau régale* et utilisez tiède.

MARBRAGE.

Avant de passer à une description des marbres et autres dessins sur les couvertures relevant du chef général des marbrures, il conviendra de donner quelques instructions relatives à quelques questions importantes requises dans la manière de préparation. Comme le succès de nombreux dessins dépend de la rapidité avec laquelle ils sont exécutés, il sera important que les couleurs , les éponges, les pinceaux, etc. sont préalablement disposés dans le meilleur ordre, de manière à être d'accès le plus facile. Il convient de prêter attention à la quantité probable qui pourrait être nécessaire pour chaque couleur , car beaucoup d'entre elles ne seront pas disponibles pour une utilisation ultérieure.

Les livres doivent tous être préalablement lavés avec de la pâte et de l'eau additionnée d'un peu de liquide perlé, et laissés sécher. Après cela, ils doivent être enduits de manière égale et, une fois secs , placés sur les tiges de marbrure, les côtés des livres s'étendant et les feuilles pendant entre les deux. Les tiges doivent être placées sur une élévation en haut, de manière à permettre à l'eau de s'écouler progressivement vers le bas des livres ; et, si les dossiers doivent être laissés bruts, une autre tige ou un morceau de planche rainuré à la forme du dossier est placé dessus. Pour éviter l'écume résultant du battement des pinceaux sur les couleurs , il est préférable de frotter les extrémités des poils sur la paume de la main, sur laquelle a été étalé un peu d'huile. Ces préliminaires étant réglés, l'opération de marbrure commence, pour laquelle nous allons maintenant donner des instructions.

MARBRE COMMUN.

Le livre étant placé sur les tiges, jetez-le sur l'eau préparée pour le marbrage en grosses gouttes, avec un gros pinceau ou un tas de piquants, jusqu'à ce que les gouttes s'unissent. Puis, avec un pinceau chargé du liquide noir et frappé sur la tige-presse comme indiqué pour saupoudrer les bords, un certain nombre de fines stries sont produites en projetant la couleur également sur le couvercle. Ensuite, le liquide brun doit être également jeté.

Lorsque les veines sont bien enfoncées dans le cuir, il faut éponger l'eau et mettre le livre à sécher.

Si le volume a été préalablement coloré avec l'une des préparations décrites ci-dessus, et si l'on veut y produire une bille, il faut jeter d'abord le brun, puis le noir ; car sans cette précaution le marbre ne frapperait pas, à cause de l'acide qui fait partie des couleurs . Cette observation étant applicable à tous les autres modèles, il ne sera pas nécessaire de la répéter encore.

UN AUTRE.

Ajoutez le vinaigre noir, puis le brun et enfin une pincée d'eau au vitriol.

MARBRE VIOLET.

Colorer la couverture deux ou trois fois avec un liquide violet chaud, et, une fois sèche, glaire . Jetez ensuite de l'eau et arrosez d'eau forte au vitriol, ce qui formera des veines rouges.

PIERRE MARBRE.

Après l'avoir jeté à l'eau, arrosez hardiment du liquide noir ; puis, avec une éponge chargée de brun fort, déposez la couleur sur le dos en trois ou quatre endroits, de manière à ce qu'elle coule de chaque côté en un large filet, et opérez ensuite à l'eau vitriol sur les parties que le brun n'a pas touchées. .

AGATE VERTE.

Saupoudrez le noir, dans neuf fois sa quantité d'eau, à grosses gouttes sur toute la surface de la couverture, et lorsque les gouttes se réunissent, appliquez sur le dos à distances régulières le liquide vert, afin qu'il coule sur les planches et s'unisse avec le noir.

AGATE BLEUE.

Procéder comme ci-dessus, en remplaçant uniquement le vert par du bleu fragilisé avec de l'eau selon la teinte souhaitée.

AGATE JUSTE.

Commencez par saupoudrer du noir par petites gouttes à bonne distance les unes des autres ; puis saupoudrez également de grosses gouttes de potasse faible.

AGATINE.

Procédez comme pour l'agate verte, puis saupoudrez d'écarlate sur toute la couverture ; enfin, jetez du bleu par petites gouttes, affaibli dans quatre fois la quantité d'eau.

MARBRE DU LEVANT.

Après l'eau, jetez sur le dos brun en larges stries comme indiqué pour la *pierre* , puis de la même manière l' *eau régale* . On constatera que celui-ci imite fidèlement le marbre du Levant.

VEINE DE PORPHYRE.

Jetez de grosses gouttes de noir diluées dans le double de la quantité d'eau. Lorsque la couleur a bien pénétré le cuir, saupoudrez de la même manière du marron mélangé à parts égales avec de l'eau. Ensuite, appliquez une pincée d'écarlate, puis de grandes taches jaunes, le liquide étant presque bouillant. Pendant que ces couleurs s'unissent, ajoutez du bleu faible, puis *de l'eau régale* , qui, coulant ensemble sur les côtés du livre, formeront distinctement la veine.

PORPHYRE ROUGE.

Saupoudrer de noir dans huit fois plus d'eau, bien égale et par petites taches. Laissez sécher, frottez et glairez . Donnez ensuite deux ou trois gouttes de rouge fin et une de rouge écarlate, et laissez sécher de nouveau. Enfin, saupoudrez le plus uniformément possible de rouge écarlate par petites taches.

PORPHYRE VERT.

Pour ce motif, la couverture doit être finement saupoudrée à trois reprises, en laissant la couleur chercher et sécher entre chaque fois. Le vert doit être amené à la teinte désirée en le mélangeant avec de l'eau. Pour former une veine plus élégante, saupoudrez d'abord de noir faible, puis de vert, et une fois sec de rouge fin.

PORPHYRE.

Ce marbre, imitant l' *oeil de la perdrix* , est exécuté en jetant sur du noir dans huit fois son volume d'eau, en petites gouttes, mais si près qu'elles se heurtent à peine. Lorsque le noir commence à couler, saupoudrez-le de brun mélangé à parts égales avec de l'eau. Laissez sécher, lavez le tout avec une éponge, et avant qu'il soit bien sec, donnez-lui deux ou trois couches de rouge fin. Après avoir été sec et bien frotté, saupoudrer uniformément sur la surface de grosses gouttes d' *eau régale* .

UN AUTRE.

Colorez la couverture avec du rouge, du jaune, du bleu ou du vert et, une fois sèche, avec du noir dilué comme ci-dessus ; laissez-le également sécher, puis saupoudrez-le de grosses ou petites gouttes d'eau régale. L'œil de la perdrix est proprement formé de bleu saupoudré sur le noir affaibli, et, une fois sec, d'esprit tué ou *d'eau régale* .

ROCHER.

Jetez-y de grosses gouttes de noir préparé comme pour le porphyre, et, à moitié sèche, de la potasse affaiblie de la même manière. Une fois sec à nouveau, saupoudrez de petites taches d'écarlate et enfin *d'eau régale* .

GRANIT.

Mélangez le noir dans environ cinquante fois sa quantité d'eau, et saupoudrez-en également sur du très fin, en répétant l'opération pendant qu'il sèche cinq ou six fois. Puis, de la même manière, saupoudrez de brun, et, après avoir bien frotté, glairez légèrement. Enfin, saupoudrez finement d' *eau régale* .

ARBRE-Marbres.

Ces marbres, qui furent d'abord exécutés en Allemagne, d'où ils passèrent en Angleterre, sont formés en courbant les planches au milieu, de sorte que l'eau et les couleurs s'écoulent depuis l'arrière et l'avant-bord vers le centre , en forme de branches. d'arbres. Ceux qui n'ont jamais vu les arbres-marbres de M. Clarke, de Londres, ne peuvent se faire qu'une petite idée de la beauté dont ce style est susceptible. Le nom est également donné à ceux qui sont fabriqués pour imiter le grain du bois.

NOYER.

Formé en saupoudrant uniquement de noir et de brun, comme pour le marbre commun.

CÈDRE.

Après avoir saupoudré comme pour la noix, et avant de sécher parfaitement, appliquer légèrement une éponge présentant de gros trous trempés dans de l'orange en divers endroits du couvercle, de manière à former une description de nuages. Ensuite, appliquez le rouge fin, avec une éponge semblable, à peu près aux mêmes endroits, et une fois sec, donnez au tout deux ou trois couches de jaune, en ayant soin que chacune pénètre uniformément dans le cuir.

ACAJOU.

Le procédé est à peu près le même que pour la noix, la différence étant simplement de saupoudrer le noir plus hardiment, et, une fois parfaitement sec, de donner deux ou trois couches uniformes de rouge.

BOÎTE.

Afin d'imiter les veines contenues dans la boîte, les planches doivent être pliées à cinq ou six endroits différents et de diverses manières. Après avoir placé le livre entre les tiges, jetez-le dans l'eau par petites gouttes, et procédez comme pour la noix. Après avoir été parfaitement sec , jetez de nouveau de l'eau à grosses gouttes, et saupoudrez sur de petites taches bleues diluées également avec de l'eau ; et, une fois à nouveau sec et bien frotté, appliquez l'écarlate avec une éponge comme indiqué pour le cèdre. Enfin, une fois sec, appliquez deux ou trois couches d'orange et le motif est terminé.

LAMBRIS.

Colorer avec du marron fort, glaire , et placer entre les tiges, avec les planches plates. Jetez du noir faible par larges taches, puis faites dorer de la même manière, et enfin saupoudrez hardiment d'eau de vitriol.

PANACHÉ.

Marbrez comme pour le noyer, puis mettez sur chaque planche un cercle, un ovale ou une autre figure, et appliquez du noir faible sur les parties extérieures. Une fois sec, donnez-lui une bonne couche de rouge, et, après avoir mis des taches d'écarlate, enlevez les figures et lavez bien les parties où cette dernière couleur a été utilisée. Enfin, appliquez à l'ovale deux couches de jaune ou d'une autre couleur avec un pinceau en poil de chameau.

MARBRAGE SUR PAPIER.

Les faces d'un livre à demi relié, qui sera recouvert de papier, pourront être marbrées pour correspondre à l'effet produit sur le cuir par l'action à la fois du noir et du brun. Ceci est effectué en collant du papier blanc ferme sur les côtés et en colorant avec un mélange de quatre onces de galles de noix et d'une petite portion de sel en poudre et d'ammoniaque bien bouillis ensemble, ce qui donnera un noir et un brun presque égaux à ceux du cuir.

SPRINTER.

C'est un autre ornement sur les couvertures de livres, capable d'être très varié. Quelques-unes des utilisations les plus générales sont données, en partant du principe que n'importe laquelle des couleurs disposées comme pour les billes ci-dessus, ou saupoudrée sur les couleurs uniformes , produira un bel effet. Les livres doivent être collés, mais pas glaireux .

NOIX DE MUSCADE.

Saupoudrer très finement de noir puis de marron. Si l'on souhaite produire un effet plus fin, saupoudrez-le d'eau vitriol.

ANNEAU.

Mettez environ une cuillère à café de vitriol dans une tasse de noir et saupoudrez grossièrement dessus. Si l'anneau n'est pas suffisamment solide, ajoutez plus de vitriol.

ÉCAILLE DE TORTUE.

Lavez la couverture avec du jaune et saupoudrez très hardiment de noir. Une fois sec, tachez avec une éponge, comme indiqué précédemment, avec du bleu, du rouge et du noir, chaque couleur étant laissée sécher avant d'appliquer la suivante.

En concluant la description des billes et des décorations, on peut remarquer qu'avec un peu de goût, l'ouvrier pouvait varier les dessins jusqu'à plus d'une centaine de motifs différents ; il faut également laisser chaque couleur pénétrer correctement dans le cuir avant d'en utiliser une autre. Les carreaux, ou espaces vides, sont formés en plaçant des carrés, etc. de carton sur les côtés, ce qui évite que les couleurs ne touchent le cuir lors du saupoudrage. Une fois le dessin terminé, les couvertures doivent être bien frottées avec un chiffon de laine ou avec la pointe de la main, pour enlever tous les déchets de couleur , qui se trouveraient corroder à la surface du cuir.

COULEURS UNIFORMES.

Avant de procéder à l'exécution de l'une des couleurs , les livres doivent être bien et uniformément lavés à la pâte et laissés parfaitement secs. Il faudra aussi observer que le noir deviendra plus foncé dans toutes les opérations ultérieures de coloration , d'éclaircissement et de polissage, de sorte qu'il faudra faire attention à ne pas utiliser ce liquide trop fort.

BRUN CLAIR.

Laver la couverture avec de l'eau vitriol jusqu'à obtenir une couleur parfaitement uniforme , puis avec du brun jusqu'à la teinte désirée.

UN AUTRE.

Mélangez une petite quantité de rocou avec le liquide de potasse et utilisez chaud. Cela produira une belle teinte.

MARRON FONCÉ.

Colorez avec du noir faible jusqu'à obtenir une teinte ardoise, puis appliquez le brun trois ou quatre fois, selon le goût.

On pourrait en ajouter d'autres, mais le procédé est le même, ne faisant varier que la quantité de couleur selon la nuance. Le *liquide couleur noisette* produira de belles teintes.

RAISIN CORINTHIEN.

Le procédé est le même que pour la dernière couleur , en ajoutant deux ou trois couches de *rouge fin* .

RAISIN COMMUN.

Procédez comme pour le dernier, en omettant le marron après le noir.

BLEU.

Après avoir appliqué quatre ou cinq couches de bleu chimique dilué avec de l'eau, laver légèrement avec de l'eau régale affaiblie, ce qui enlèvera le reflet vert produit par la teinte jaune du cuir.

VERT.

Appliquer trois ou quatre couches de liquide vert étendu dans l'eau selon la teinte souhaitée. Toutes les autres couleurs remarquées dans les préparations peuvent être ainsi exécutées.

OLIVE.

Après avoir donné une couleur ardoise , appliquez du jaune bouilli avec une petite portion de bleu sur le couvercle, en le frottant également à chaud, pour assurer l'uniformité.

GRIS PERLE.

Cette couleur doit être exécutée avec soin, de manière à être parfaitement uniforme et sans taches. Colorer avec un liquide noir extrêmement faible, jusqu'à obtenir un gris pâle . Plus il est faible, plus l'ouvrier réussira. Passez ensuite une légère couche de rouge fin mélangée à une grande quantité d'eau, de manière à donner un léger reflet rouge à peine distinguable.

ARDOISE.

Utilisez le liquide noir un peu plus fort que le précédent et omettez le rouge.

NOIR.

Pour des usages communs, le noir peut être formé de la manière adoptée pour les autres couleurs ; mais, dans bien des cas, il est nécessaire de produire une couleur ayant l'apparence du Japon , et qui demandera plus de travail et d'attention.

Lavez le livre avec du brun jusqu'à ce qu'une teinte foncée se forme ; puis, avec un morceau de drap de laine , appliquez le liquide noir mélangé au japon , ce qui produira un beau noir. Cette couleur doit avoir une bonne couche de vélin avant d'être glaireuse. Ou peut-être vaut-il mieux terminer avec le vernis donné dans une autre partie de l'œuvre.

Les noix de galle, les cuivres et la gomme arabique sont utilisées par beaucoup et se révèlent produire une bonne et brillante couleur .

MARBRES D'OR, PAYSAGES, ETC.

Ces dessins, s'ils sont correctement exécutés, sont les plus beaux que l'on puisse imaginer. Cependant le travail et le soin requis doivent toujours les confiner à des reliures supérieures, pour lesquelles un prix élevé est donné, afin d'indemniser l'ouvrier pour le temps nécessaire pour produire l'effet convenable. L'imitation des billes d'or n'est pas une tâche facile ; mais une connaissance de l'art de la peinture et un maniement habile du pinceau permettront à l'ouvrier d'imiter la figure du marbre si fidèle à la nature qu'elle est à peine distinguable.

MARBRE D'OR.

Ce marbre, qui ne nécessitera pas l'habileté d'exécuter comme ceux qui le suivent, est l'invention de M. Berthé , père, relieur de Paris, et peut être exécuté sur toute espèce de support uniforme. Prenez un morceau de tissu dépassant les dimensions du volume et pliez-le également ; posez-le ainsi plié uniformément sur une planche, puis ouvrez l'autre moitié et couvrez la planche ; étalez, sur la moitié vers la gauche, de la feuille d'or aux dimensions du couvercle, en laissant telle portion que peut prendre le rouleau destiné à y être travaillé, ce qui sera une économie d'or ; puis repliez le tissu sur l'or, et appuyez la main dessus, sans bouger le tissu, de manière à diviser l'or en une multitude de petits morceaux. L'or ainsi préparé, humectez le côté du volume avec de la glaire mêlée d'eau en proportion égale, et placez-le sur le tissu en appuyant fermement dessus avec la main. Ayant garde de ne pas le déranger, retournez le volume, la toile et la planche, et enlevez cette dernière, en la remplaçant par une feuille de papier, et en frottant vivement dessus, de manière à attacher tout l'or à la couverture. Après cela, le tissu doit être enlevé, et l'or se trouve également fixé ; pour s'assurer davantage de ce qui repose sur une feuille de papier, et bien frotter avec la paume de la main.

Pour enlever tout or qui pourrait apparaître sur la partie destinée au rouleau en dorure, mouillez le bout du pouce, formez une sorte de carré avec l'index sur le bord de la planche à la dimension du rouleau, et frottez le surface de la couverture, ce qui la dégagera avec facilité avant que la glaire ne soit sèche.

LAPIS LAZULI.

Ce marbre est d'un bleu clair, veiné d'or, présentant un aspect de la plus grande splendeur . Il s'exécute comme suit : -

Placez le volume entre les bâtonnets comme pour le marbrage, et avec une éponge pleine de gros trous, trempée dans du bleu chimique mélangé à six fois son volume d'eau, faites des taches claires, semblables à des nuages, à des distances irrégulières ; puis ajoutez un quart de bleu en plus et faites de nouveaux nuages ou taches un peu plus foncés. Répétez cette opération six ou sept fois, en ajoutant à chaque fois plus de bleu . Toutes ces couches formeront des taches avec une gradation appropriée, comme dans le marbre naturel ; et pour fonctionner plus convenablement, il vaudrait mieux avoir un modèle, soit du marbre lui-même, soit adroitement peint.

Les veines d'or, qui ne doivent être posées que lorsque le livre est doré et juste avant le polissage, sont formées avec de l'or en coquille. La substance utilisée pour la faire prendre et tenir fermement sur la couverture du livre est préparée avec du blanc d'œuf et de l'eau-de-vie de vin en proportion égale, et deux parties d'eau, en battant bien le tout et en le laissant s'éclaircir ; puis mouillez une petite portion de poudre d'or avec le liquide, en la mélangeant avec le doigt, et utilisez-la avec un petit crayon en poil de chameau. Passez-le en différents endroits, de manière à imiter le modèle, selon le goût de l'ouvrier ; une fois terminé, laissez-le sécher parfaitement et polissez avec la polisseuse à peine tiède.

On percevra que par l'utilisation d' autres couleurs , ou deux ou trois ensemble, de nombreux et beaux dessins peuvent être exécutés de la même manière.

PAYSAGES.

Beaucoup de beaux sujets peuvent être formés sur les côtés des livres par l'ouvrier habile en peinture ; et, bien que relevant plus proprement de l'art de la peinture, et étant répréhensible en raison du mélange des arts, si fréquemment exposé sur des volumes où l'art du relieur est remplacé par celui du peintre et du bijoutier , le jeune ouvrier devrait comprendre au moins le processus par lequel ils sont produits. Le volume est préparé en étant lavé à la pâte , de manière à présenter une couleur fauve uniforme , les dessins légèrement tracés, puis coloré selon le motif, les couleurs étant mélangées à la nuance appropriée avec de l'eau. Les nuances doivent être essayées sur des morceaux de cuir de rebut, car, étant des couleurs spiritueuses , une fois appliquées, aucun art ne peut les adoucir si elles sont trop fortes ; et une légèreté particulière du toucher sera nécessaire pour produire de l'effet. Portraits, etc. peuvent également être exécutés de cette manière, et de nombreux dessins superbes ont parfois été exécutés par les meilleurs relieurs d'Angleterre et de France. M. Didot , libraire de Paris, offrit à Louis XVIII un exemplaire de la *Henriade* , publiée par lui-même, très élégamment orné dans ce style. Il a été exécuté par *M. Lunier Bellier*, relieur de Tours, et exhibait d'un côté un portrait miniature d'Henri IV, et de l'autre un portrait semblable de Louis XVIII, tous deux ressemblances parfaites. La plus grande difficulté résidait dans les portraits, qui étaient d'abord imprimés sur du papier très humide, et immédiatement appliqués sur la couverture, sur laquelle ils étaient imprimés au rouleau plat. Lorsqu'elles étaient parfaitement sèches, elles étaient colorées avec tout l'art dont le liant était capable, et les autres peintures ornementales exécutées à la main. Ce procédé demande un grand soin dans l'exécution, et sera applicable à tout dessin où la reliure justifiera la dépense.

PAYSAGES TRANSFÉRÉS.

L'art du transfert, longtemps pratiqué dans l'ornementation des articles de fantaisie, était jugé également pratique pour former un embellissement supérieur pour les côtés des livres. Mais le vernis nécessaire à l'opération rendait l'invention sans utilité, par l'action du polisseur chauffé qui la blanchissait ou la faisait écailler. Après plusieurs essais, on croit que cette difficulté a été surmontée par l'emploi d'un article très simple et courant dans le bureau du relieur, à savoir : *une glaire neuve* , bien battue. La procédure est la suivante : — Découpez l'impression destinée à être transférée au plus près du dessin sur toutes ses faces. Laissez-le infuser dans la glaire jusqu'à ce qu'il en soit bien saturé. Pendant ce temps glairez le livre deux fois en le laissant sécher à chaque application. Retirez l'empreinte, placez-la exactement au centre de la couverture latérale, et, posant un morceau de papier dessus, frottez-la vivement sur le livre, afin qu'elle adhère très étroitement. Retirez le papier supérieur et, avec le doigt, frottez doucement le papier jusqu'à ce que le motif imprimé commence à apparaître, en mouillant le doigt avec de *l'éclat* si le papier devient trop sec. La plus grande attention sera maintenant nécessaire, car la moindre négligence en enlevant le papier qui reste peut détruire entièrement le dessin, et tout le travail antérieur sera perdu. Le papier doit être retiré délicatement, morceau par morceau, jusqu'à ce que le motif n'apparaisse sur le cuir que lorsqu'il est humide. Une fois sec, un aspect blanc apparaîtra, provenant des petites particules de papier adhérant à l'encre ; mais ceux-ci seront suffisamment cachés en éclairant le côté avant la finition. L'étendue et la variété avec lesquelles, à peu de frais, ces dessins peuvent être réalisés, avec la finition et la beauté données aux côtés des livres, rendent le sujet digne de l'attention particulière de l'ouvrier ornemental ; mais il doit posséder une persévérance et un soin à un degré éminent, pour le porter à la perfection. Une fois la dorure ou autre ornement exécuté, le côté doit être terminé de la manière habituelle. Une légère couche du vernis décrit dans une partie ultérieure de l'ouvrage donnera, dans ce cas, une finition supérieure.

Les instructions suivantes, ainsi que celles de M. Buchanan, sont tirées des circulaires de la Finishers' Friendly Association of London : -

" *Images sur veau.* — Nous avons entendu parler d'un procédé permettant de transférer les tirages du papier sur lequel ils avaient été imprimés sur les côtés des livres reliés en veau ; et à notre époque, où *la nouveauté* est si recherchée, cela pourrait valoir la peine. " Quelques amis prirent le temps d'en tester l'efficacité. La face doit être lavée proprement, et, pendant qu'elle est humide, l'impression est posée dessus, quand, après être restée quelque temps dans la presse à armer, on dit qu'une copie de la gravure sera trouvée. sur le mollet.

« En envoyant une de celles-ci exécutées en couleurs par lui il y a vingt ans, un Amical corrige une erreur que nous avons commise, en qualifiant *d'estampes* IMAGES et écrit : « Lors de la préparation du veau, il est simplement lavé avec de l'eau en pâte fine ; une fois sec, une couche ou deux de sels faibles de tartre. Une fois parfaitement sec, vous pouvez traiter n'importe quel sujet ; un brun très pâle étant généralement utilisé pour son contour. Pour toutes les couleurs , j'utilise deux tasses de puissances différentes, avec chacune *des plumes et des pinceaux*. Le vert est composé de bleu liquide Scott's et de baies françaises. Ceux-ci sont meurtris et mijotés d'une demi-pinte à un quart , puis portés à ébullition et, pendant qu'ils sont dans cet état, une pincée d'alun brûlé doit être ajoutée pour fixer la couleur . L'ardoise est faiblement cuivrée ; le rouge est obtenu à partir de poussière et de vinaigre du Brésil, ou de copeaux du Brésil bouillis et d'une solution d'étain ajoutée. Les livres avaient généralement des bandes doubles : les lettres étaient tachées de chocolat et les espaces entre les bandes noircis, ou les couleurs « *souris* », le maroquin étant trop vif pour le veau taché . Un octogone ou un carré était de couleur marron, ardoise ou saupoudré, et au centre un fond clair. Si le sujet me plaisait, les œuvres botaniques avec un groupe de plantes sur les côtés, une fois polies et pressées dans des boîtes de conserve japonaises, avaient l'apparence la plus soignée. Paysages, animaux, insectes, coquillages, etc. sont tous fixés de façon permanente sur le mollet par les couleurs susnommées .' Il conclut en espérant que « les instructions sont suffisamment claires pour inciter certains aspirants FF à pratiquer cette branche presque oubliée de l'art de la finition ».

" W. BUCHANAN. "

LIGNES NOIRES ORNEMENTALES.

Les lignes noires en rayons, ou se croisant sous forme de diamants ou d'autres symboles, sur les côtés des livres, qui présentent un bel aspect s'ils sont bien exécutés, sont tracées avec des stylos en acier ou en forme de cygne, les plumes étant formées à la taille requise par l'audace des lignes. Le vinaigre noir mélangé avec une portion de gomme arabique , pour neutraliser une partie de l'action de l'acide et lui donner une consistance plus forte, se révélera le mieux répondre. Quel que soit le motif, il faudra le tracer légèrement avec la plieuse, puis marquer le dessin avec le stylo, maintenu immobile à l'aide d'une règle.

NOIRCIR LES CARRÉS.

A moins d'être colorés uniformément, l'ensemble des dessins décrits ci-dessus ne produira pas le meilleur effet si les carrés restent unis ou diversement teintés ; il faut donc noircir les bords et les carrés de la planche, ainsi que le capuchon du bandeau. Cela se fait avec un morceau de substance molle et ferme sur les bords, et avec une éponge dans le volume, suffisamment en dessous de la partie que recouvriront les pages de garde. Enfin, les housses doivent être bien lavées et laissées sécher.

GROUPES ET PIÈCES-TITRE.

Là où les fonds sont plats il faudra marquer l'emplacement destiné aux bandes en dorure. A cet effet , le classeur doit comporter des motifs de formes et de dimensions diverses, découpés dans du carton mince, un peu plus long et double de la largeur des volumes, afin qu'ils puissent être fermement maintenus sur les côtés, tandis que les bandes sont marquées au dos. à travers les ouvertures découpées dans le motif. Il est d'usage de donner une double bande au bas du dos, et c'est pourquoi il faut en tenir compte dans le patron, dont la partie allongée doit être placée au même niveau que le bord des plats en queue du volume, et les bandes marquées avec le dossier. Grâce à ce plan, l'ensemble des bandes des ensembles de livres présentera une ligne parallèle, et le mauvais effet produit par les inégalités résultant du dépassement des distances et de la confiance dans la vue sera évité. Un grand gain de temps est également réalisé , car les modèles une fois réalisés serviront pendant une période très considérable.

couleurs fantaisies et les paillettes, il est habituel d' attacher des lettres en maroquin . A cet effet, le maroquin , ou rouan si travail commun, est coupé dans le sens de la longueur du grain, selon l'espace entre les bandes, et la barbotine placée en travers du dos pour mesurer la largeur, puis coupée. Ensuite, légèrement amortissant du côté chair, il doit être paré aussi fin et égal que possible, et les bords inclinés uniformément vers le bas, de manière à l'amener à la dimension exacte du carré qu'il doit occuper. Si le dos nécessite deux pièces, à savoir : une autre pour le volume ou le contenu, il peut être approprié de varier la couleur . Ces pièces de titre sont collées uniformément, une portion de pâte frottée dessus avec le doigt, puis fixées fermement et également en frottant les bords avec le dossier, lorsqu'il faut bien laver la pâte avec une éponge propre. Là où l'économie est un objet, les carrés destinés au titre peuvent être foncés en brun ou en noir, ce qui fera très bien ressortir le lettrage.

Ornements marquetés.

Pour donner à certaines reliures en vélin, veau ou maroquin un degré supplémentaire de splendeur , il est parfois nécessaire d'exécuter des ornements sur les couvertures d'une couleur différente ; et comme c'est une manipulation importante, il faudra que le jeune ouvrier la comprenne . Laissez le motif être travaillé en aveugle sur le volume, en ayant soin de bien l'imprimer. Parez le maroquin de la couleur désirée de manière uniforme et fine. Lorsqu'il est humide, placez-le sur la partie du motif à incruster et appuyez dessus avec les doigts. Le contour de la figure apparaîtra à travers le maroquin . Puis posez-le sur la pierre de taille ; et, avec les mêmes rainures avec lesquelles le motif a été exécuté, procéder à la découpe du maroquin . Les gouges utilisées pour ce genre de travail doivent être en acier.

Les mêmes instructions s'appliqueront aux titres fantaisie pour dos plat.

Une fois les pièces correctement découpées, l'ouvrier procédera à leur collage uniforme et à leur ajustement à leur place en fonction du volume.

Une fois sec et préparé, le livre sera alors prêt pour la dorure, et lorsqu'il sera recouvert de l'ornement d'or, les joints du cuir ne seront pas perceptibles, s'ils sont bien exécutés. Les gouges doivent être travaillées sur le bord du maroquin .

Ce genre d'ornement est plus fréquemment exécuté sur du veau que sur toute autre substance.

COULEURS.

A propos de l'ornement marqueté, nous donnons quelques conseils pour guider l'ouvrier dans le choix des couleurs . Une grande partie de l'effet produit résultera des relations que les couleurs entretiendront entre elles. Un travail bien exécuté peut être gâché par un choix de couleurs peu judicieux . Si le finisseur ignore les leçons que la nature enseigne dans la répartition des couleurs , il ne peut espérer plaire à un connaisseur dont le goût a été corrigé et affiné par l'étude des harmonies des couleurs .

PROPORTIONS NUMÉRIQUES DE COULEURS HOMOGÈNES.

Jaune , 3. *Rouge* , 5. *Bleu* , 8.

SECONDAIRES.

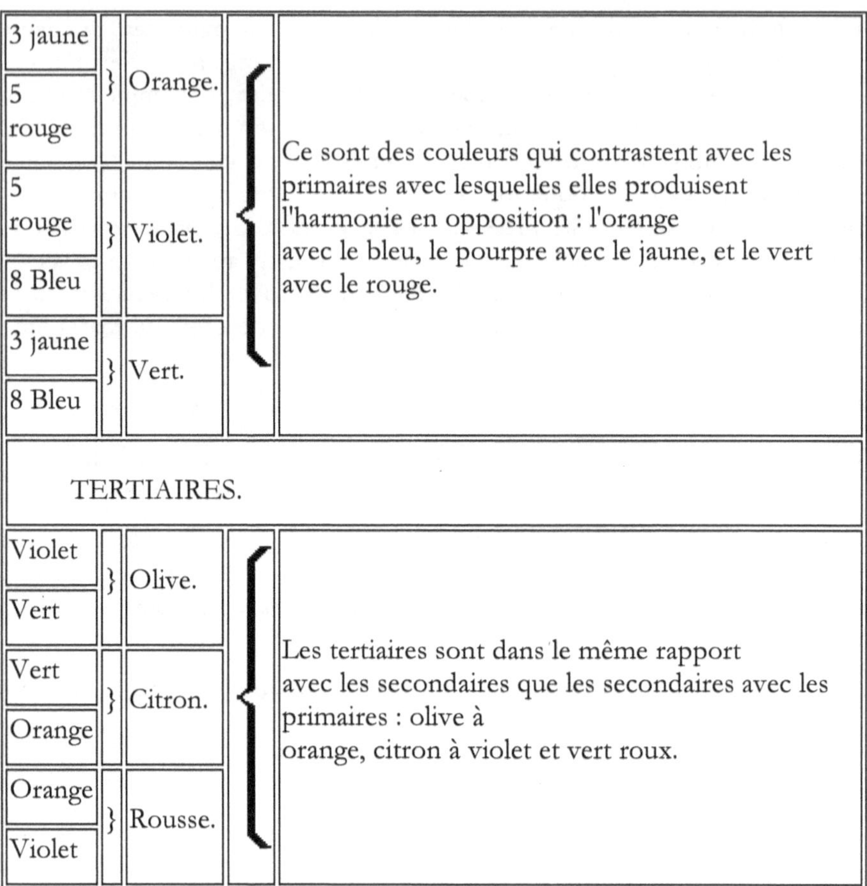

3 jaune 5 rouge	} Orange.	Ce sont des couleurs qui contrastent avec les primaires avec lesquelles elles produisent l'harmonie en opposition : l'orange avec le bleu, le pourpre avec le jaune, et le vert avec le rouge.
5 rouge 8 Bleu	} Violet.	
3 jaune 8 Bleu	} Vert.	

TERTIAIRES.

Violet Vert	} Olive.	Les tertiaires sont dans le même rapport avec les secondaires que les secondaires avec les primaires : olive à orange, citron à violet et vert roux.
Vert Orange	} Citron.	
Orange Violet	} Rousse.	

Le jaune est mélodisé par l'orange d'un côté et le vert de l'autre ; le bleu par le vert et le violet, et le rouge par le violet et l'orange.

COLLER LES PAPIERS DE FIN, LES JOINTS, ETC.

Le volume étant déposé sur la table ou sur la presse, la tête vers l'ouvrier et le plateau supérieur ouvert, la garde ou fausse garde doit être enlevée et toutes autres substances évacuées du joint avec le dossier. Le papier à coller sur le carton est coupé à chaque extrémité, de manière à laisser la même marge que sur le bord avant, et collé uniformément dessus. Il est ensuite soigneusement posé sur le plateau. La position étant réglée, il faudra y poser un morceau de papier blanc, et le tout frotter parfaitement même avec le plat de la main. Puis avec la plieuse frotter parfaitement d'équerre sur le joint. Le volume, avec le plateau ouvert, peut alors être tourné, et l'autre côté fait de la même manière.

S'il est prévu d'exécuter une bordure dorée ou un marquage aveugle à l'intérieur de la couverture, il sera important qu'aucune partie de la page de garde ne la recouvre. Pour éviter cela, il faut couper une lamelle en tête, en queue et sur le bord antérieur, proportionnelle à la largeur supplémentaire de la bordure sur le carré. Ou bien, si des joints de maroquin ont été placés dans le volume, il faudra couper les deux coins de la partie laissée à fixer aux plats, pour éviter qu'ils ne ressortent au-dessus de la garde, qui est à encoller et défigurerait la tranche. , en ayant soin de laisser autant de cuir qu'il en couvrira parfaitement la partie destinée au joint et à l'équerre de la planche, de sorte que, lorsque le papier sera collé, on ne s'apercevra pas que les coins ont été coupés. Parez le bord du cuir là où la partie est coupée sur une petite planche ou un dossier placé en dessous ; collez ensuite le joint sur le bord de la planche, attachez-le soigneusement avec le pouce, l'index et la plieuse, et, une fois sec, collez dessus le papier marbré ou coloré coupé aux dimensions convenables. Pour un meilleur travail, le joint de maroquin est placé dans le volume par le finisseur une fois le livre couvert.

Si les extrémités sont en soie, il faudra laisser la soie suffisamment grande pour pouvoir retourner les bords sur un morceau de papier découpé aux dimensions requises, et afin de conserver l'éclat et la richesse de la soie, il ne faudra pas être collé sur le papier sur lequel il est posé, sauf là où il est retourné sur le bord du papier. Le papier est ensuite légèrement collé et ajusté sur le tableau. Cette méthode empêche également la soie de s'effilocher ou de présenter un bord irrégulier. Toutefois, dans tous les cas où la bordure est dorée ou autrement ornée, au-dessous du niveau des bords du volume, les extrémités ne doivent être collées qu'après que cette opération soit terminée, car le glaire et l'huile seraient susceptibles de tacher. et présente un mauvais effet.

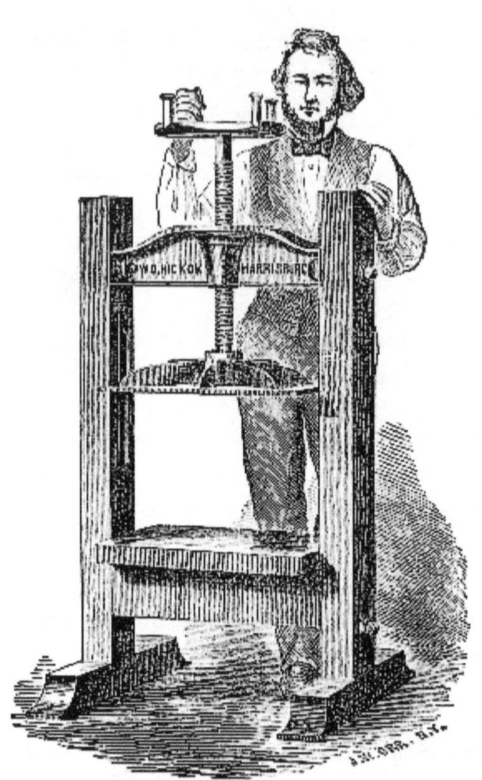

PRESSE DEBOUT.

Pour les reliures de qualité inférieure, où les pages de garde sont laissées vierges, les deux derniers feuillets étant simplement collés ensemble , les extrémités n'auront besoin que d'être collées et fixées en plaçant le volume entre les planches et en vissant fermement dans la presse debout, immédiatement après quoi il faut l'enlever et ouvrir les planches, de manière à libérer les joints. Presque tous les genres d'ouvrages, à l'exception du velours et du maroquin de Turquie , nécessitent d'être soumis à l'action de la presse debout après que les pages de garde ont été collées, puis laissées sécher parfaitement en laissant les planches ouvertes. Notre illustration est tirée d'une presse debout fabriquée par WO Hickok, Harrisburg, Pennsylvanie.

Dans tous les départements, mais surtout dans la finition, la propreté est de la plus haute importance. Peu importe la grâce de la conception ou la perfection des outils ; le tout peut être gâché par un volume ayant un aspect sale. Ayez donc tout propre autour de vous : tasses, éponges et brosses. Que votre taille, votre pâte et votre glaire soient propres ; votre coton huilé pareil. Ne posez pas l'or tant que la préparation n'est pas sèche. Après le travail de vos outils, veillez à bien nettoyer l'or, afin qu'il ne reste aucune partie ou tache qui ne devrait pas, car elle aurait l'apparence de la saleté. Dans le travail des veaux, surtout, faites attention à la graisse ou à tout ce qui pourrait salir le cuir . En été, il faut faire très attention à protéger votre travail des mouches, en particulier après avoir travaillé votre dos. Les petits nuisibles vont ronger la glaire par endroits, et donner au livre un aspect inesthétique.

VERNIS,

COMME UTILISÉ DANS LA RELIURE.

La première, du célèbre *Tingry* , est faite de la manière suivante :

Mettez dans un vase six onces de mastic, en gouttes, trois onces de sandarac finement pulvérisée, quatre onces de verre grossièrement brisé, séparé de la poussière par un tamis, et trente-deux onces d'eau-de-vie de vin, d'environ quarante degrés. Placez le récipient sur de la paille dans un autre rempli d'eau froide ; mettez-le sur le feu et laissez bouillir, en remuant les substances avec un bâton, pour empêcher les résines de s'unir. Quand le tout paraît bien mélangé, mettez trois onces de térébenthine, et faites bouillir encore une demi-heure, après quoi il faudra enlever le tout et remuer jusqu'à ce que le vernis et l'eau dans laquelle il est placé refroidissent. Le lendemain, filtrez-le sur un coton fin, ce qui lui permettra d'acquérir le plus grand degré de limpidité et de bien boucher en bouteille.

L'autre recette est donnée par *Mons. F. Mairet* , de *Châtillon sur Seine* , et peut être préparé de manière similaire à celle ci-dessus. Les ingrédients sont trois pintes d'alcool de vin, de trente-six à quarante degrés, huit onces de sandarac, deux onces de mastic en gouttes, huit onces de shell-lac et deux onces de térébenthine de Venise.

Le vernis est d'abord appliqué au dos du livre avec un pinceau en poil de chameau le plus légèrement possible. Lorsqu'il est presque sec, on le polit avec une boule formée de fin coton blanc, remplie de laine, sur laquelle on a frotté une petite quantité d'huile d'olive, pour le faire glisser librement ; il faut d'abord le frotter légèrement, et, à mesure que le vernis sèche et se réchauffe, plus vivement. Les flancs sont de la même manière polis les uns après les autres.

Le vernis est appliqué après que le volume ait été poli par le fer, afin de conserver l'éclat et de préserver le volume des mauvais effets produits par les mouches rongeant la glaire . L'article fabriqué maintenant d'usage général est appliqué au moyen d'une éponge douce légèrement passée sur les volumes après qu'une petite portion de vernis ait été appliquée sur l'éponge.

ESTAMPILLAGE.

Pour dorer les faces et même les revers des ouvrages d'éditeur, ou en fait tout autre où l'on désire une quantité de dorure à peu de frais, la presse à estamper est mise en service, et au moyen d'outils taillés à cet effet, appelés blocs ou tampons, le dessin est imprimé sur le côté. Ces timbres peuvent être constitués de très petites pièces et, en en ayant un certain nombre, les motifs produits peuvent être presque indéfinis. Les timbres sont apposés sur une plaque de fer ou de laiton, appelée dos ou plaque de fondation, sur laquelle a été collé un morceau de papier épais. Que l'ouvrier marque ensuite sur la plaque la dimension exacte du côté à estamper, en le marquant également avec le compas, de manière à justifier les estampilles ; puis frappez le centre et tracez des lignes sur le papier à partir du centre , de manière à le diviser en carrés ou en n'importe quelle partie donnée, de manière à laisser la liberté de sélection au point de départ du dessin. Car il doit être évident que si un ouvrier commence tous ses modèles à partir du même point, même s'il dispose d'une variété d'outils, ses modèles présenteront une grande uniformité. Laissez le papier être collé uniformément sur la surface et procédez à la formation du motif en disposant les tampons sur la plaque de manière à exposer le motif. On peut faire preuve de beaucoup de goût dans la formation de motifs à estamper ; mais, comme le public désirait généralement une masse de pain d'épice doré, cette branche n'a été que peu cultivée ; l'opinion répandue parmi les estampeurs est que peu importe ce qu'on met sur le côté, il faut qu'il soit bien recouvert d'or. Les éditeurs constatent que les livres les plus dorés sont les plus rapidement éliminés ; par conséquent, tout est sacrifié à un extérieur criard. Il faut espérer que l'art sera débarrassé de cette ornementation dégradée. Les tamponneurs eux-mêmes peuvent faire quelque chose pour purifier et corriger le goût du public en évitant les collections insignifiantes confusément rassemblées, si souvent vues sur les côtés. Chaque remarque concernant le style, la conception et la combinaison d'outils dans le département du finisseur à la main s'applique avec la même force au travail d'estampage ; et, bien que les tampons utilisés dans ce dernier cas ne soient pas aussi plastiques que ceux du travail manuel, on obtiendra néanmoins de grands résultats ; car, malgré la supériorité du travail manuel pour l'expression et la permanence artistiques, le travail à la presse conservera toujours une place prédominante dans l'art, produisant, comme il le fait, des résultats saisissants à une dépense insignifiante. Une fois le motif formé, prenez un peu de pâte, touchez le dessous de chaque tampon et placez-les dans la position exacte. Après que ceci soit fait et que la pâte soit devenue dure, posez le tampon ou motif ainsi formé sur le côté du volume, en ayant soin d'avoir la même marge au recto, au verso et aux extrémités. Placez ensuite la planche ou la face sur laquelle le timbre est placé sur le plateau ou le lit de la presse à emboutir, en laissant pendre le volume devant le plateau, qui est ensuite déplacé vers le centre du plateau supérieur, de sorte que les pinces touchera la plaque sur les deux bords en même temps ;

tirez ensuite le levier de manière à exercer une légère pression sur la plaque afin de la maintenir ainsi que le côté à leur place ; puis ajustez les guides sur le bord avant et sur la tête ou sur le côté gauche et vissez-les fermement ; rejetez le levier, sortez le livre ; examiner et corriger toute irrégularité dans la marge du motif en déplaçant les guides. Lorsqu'il est parfaitement carré, placez un carton souple sous le tampon, abaissez la presse et appliquez de la chaleur. Cela fixera les tampons ou durcira la pâte et la colle en peu de temps, de sorte qu'ils ne tomberont pas lors du tamponnage, ce qui est très gênant. Le travail d'estampage ne nécessite pas autant de corps ou de préparation que s'il s'agissait de dorure à la main. Le Maroc peut être travaillé simplement en étant lavé avec de l'urine ; mais il est plus sûr d'employer une couche de taille, ou de glaire et d'eau mélangées dans les proportions d'un des premiers pour trois des seconds. Le mouton grainé, ou, comme on l'appelle, l'imitation maroquin , a besoin de plus de corps pour bien dorer. Une fois les livres prêts à être posés, la feuille d'or est découpée sur le coussin à la dimension requise ou, si le volume est grand et que le timbre couvre son étendue superficielle, la feuille peut être retirée du livre d'or en au moyen d'un bloc recouvert de ouate ou de coton et posé immédiatement sur le côté. Après qu'un chiffon huilé ait été légèrement passé sur la surface du cuir pour faire adhérer l'or jusqu'à ce qu'il soit placé sous la presse, examinez la presse pour voir si elle est suffisamment chauffée à cet effet. Un peu d'expérience permettra de déterminer rapidement la quantité de chaleur requise en règle générale. Le travail du cuir ne nécessite pas un outil aussi chaud pour l'estampage que pour le travail manuel, tandis que le travail du tissu ou de la mousseline nécessite un coup court et rapide et que la presse soit plus chaude que pour le cuir. Dans la plupart des reliures, la presse à estamper est chauffée en introduisant de la vapeur ou du gaz à travers des tubes perforés à cet effet ; bien que quelques-uns utilisent encore les radiateurs qui, après avoir été chauffés dans un four, sont placés dans les trous du plateau supérieur. Une fois la presse correctement chauffée, rejetez le levier ; retirez le carton sous le tampon ; réguler le degré de pression requis pour le tampon ; placez ensuite la face à estamper sur le plateau, en la tenant fermement contre les guides avec la main gauche, tandis qu'avec la droite le levier est rapidement tiré vers l'avant. Cela redresse les bascules et provoque une forte impression du tampon sur le cuir ; rejetez immédiatement le levier; enlevez le côté et essuyez avec un chiffon l'or superflu. Répétez l'opération de l'autre côté, à moins que le timbre ne soit d'un dessin vertical ; il faudra alors retourner le tampon dans la presse avant d'opérer de l'autre côté. Les cartonnages ou couvertures tamponnés avant d'être posés sur les livres sont réalisés de la même manière, les dos étant également tamponnés avant d'être collés. La coupe précédente d'une presse à estamper pour les travaux légers de dorure, le lettrage, etc., est de la construction la plus approuvée, tandis que pour les travaux grands et lourds, soit dorés, soit estampés à l'aveugle (en relief, comme on l'appelle à tort), et pour Pour le travail du tissu, en général, la presse à roue est la mieux adaptée. Il peut être travaillé soit à la main, soit au pouvoir. Le volant peut continuer à tourner pendant que l'ouvrier est en train d'alimenter la presse. Le levier est utilisé pour les travaux légers. On verra que le plateau supérieur de cette presse, auquel le timbre est fixé, est fixe, ce qui donne de grands avantages pour disposer des tuyaux pour le chauffage au gaz, et aussi pour évacuer la fumée et le gaz non consommés qui autrement s'échapperaient dans le chambre. Ces presses sont fabriquées par I. Adams & Co., Boston.

PRESSE À LETTRE ET DORURE, N° 1.

PRESSE À GAUFRAGE, N° 2.

Une description des différents procédés permettant de réaliser par estampage les riches effets de la marqueterie se trouvera sous la rubrique Reliure Enluminée et celle des Ornements Marquetés. Pour le travail des éditeurs, il est économique de disposer d'un coupe-acier capable de découper le motif d'un seul coup. Pour ce type de travail, du papier allemand coloré est utilisé à la place du cuir pour l'incrustation.

Des planches minces sont découpées à l'aide de découpeuses d'acier et de presse à estamper, et apposées sur les volumes ; et, une fois recouverts, ils sont estampés en or et à aveugle de motifs correspondant à la figure du tailleur. Cela ne peut être appliqué que lorsqu'il existe un grand nombre de volumes, bien que des volumes individuels puissent être découpés à la main à un coût plus élevé.

Le dessin gothique modernisé (planche IX.) est destiné à une plaque latérale, à travailler soit en or, soit en blanc. Le motif légèrement fleuri (planche X.) est calculé pour être travaillé en or et constitue une bonne illustration du traitement dominant du style pour lequel il a été expressément conçu. Le motif sur la planche XI. est destiné au travail à la presse, pour être estampé à blanc. Le contraste du travail léger et lourd produisant un bel effet, il est bien adapté pour un tampon latéral, notamment pour le travail du tissu.

9.

Gothique modernisé.

dix.

Design fleuri moderne.

11.

Expressément pour le tissu d'après le style Holbein.

Planche XII. est un dessin gracieux tiré d'un "indice" de M. Leighton. Il convient pour un tampon latéral, à travailler en or ; et avec cela se termine nos illustrations de design.

12.

D'un soupçon de Leighton.

Pour éviter une difficulté que le jeune finisseur rencontrera lors de ses premières tentatives de conception, laissez-le choisir un papier de bonne qualité, le couper à la taille requise, puis le plier soigneusement en quatre parties et dessiner hardiment son motif sur l'une des parties. les quatre coins à la mine de plomb. Ceci fait, humidifiez légèrement le coin opposé, pliez la partie dessinée pour qu'elle entre en contact avec la surface humide et frottez-la sur le dos, de manière à reporter les contours du dessin. Lorsqu'il apparaît avec suffisamment de netteté, tracez-le soigneusement avec le crayon et répétez le processus sur les autres coins jusqu'à ce que le motif soit terminé. Cette méthode garantit la précision et l'expédition. En travaillant un motif avec des rainures ou avec des lignes croisées, le même principe est appliqué, de manière à reproduire le motif de manière précise aux quatre coins, et à gagner du temps. Dans ce cas, le papier est plié et une seule impression de l'outil répond aux deux côtés du motif.

Que le jeune finisseur éprouve de l'amour pour son art, se familiarise avec les meilleurs spécimens et soit déterminé à exceller ; et finalement ses productions seront estimées, sa capacité à maîtriser les meilleures situations et il sera reconnu comme artiste.

MACHINES DE COUPE.

Pour couper du papier, des brochures et des livres « en carton », un certain nombre de machines ont été inventées et sont utilisées dans de nombreuses reliures, en particulier dans celles où de grandes quantités de « tissus » sont reliées. On a constaté qu'ils répondaient très bien à cette classe de travail. Certains d'entre eux opèrent avec suffisamment de finesse pour découper des livres destinés à des dossiers destinés à des tranches dorées, lorsqu'ils ne doivent pas être grattés . Pour un travail de première classe, coupé « en planches », rien n'a été découvert pour remplacer l'ancienne méthode de coupe à la charrue et à la presse.

PAPIER BREVET ET TRIMMER DE LIVRES.

La coupe ci-dessus d'une de ces machines, provenant de la manufacture I. Adams & Co., Boston, servira à donner une idée générale de son apparence ; et les noms des fabricants sont une garantie suffisante de la perfection mécanique de ses détails.

TRADUCTION DES DATES.

De nombreux livres anciens ont leurs dates imprimées d'une manière qui laisse perplexe le finisseur, s'il devait dater certains de ces livres, qui sont trop minces pour permettre qu'ils soient faits comme sur la page de titre. La clé suivante est donnée ici, car elle peut être utile dans de tels cas :— C . 100 ; je Ɔ , ou D , 500 ; C I Ɔ ou M , 1000 ; Je ƆƆ , 5000 ; CC je ƆƆ , 10 000 ; Je ƆƆƆ , 50 000, CCC Je ƆƆƆ , 100 000. Ainsi, C I Ɔ , I Ɔ , CLXXXVIII —1688. A ce sujet, il n'est peut-être pas inapproprié de remarquer la datation de certains livres imprimés en France pendant la république de ce pays. Ainsi, « An. XIII. » — 1805, c'est-à-dire la treizième année de la république, qui commença en 1792.

RESTAURER LES RELIURES DE LIVRES VIEUX.

Les vieilles reliures ont souvent un mauvais aspect, car le cuir est sec et craquelé ou la surface de la peau a été déteinte par endroits. Pour éviter cela, prenez une petite quantité de pâte et frottez-la soigneusement avec le doigt sur les portions qui le nécessitent ; une fois sec, lavez soigneusement le volume avec une fine solution de colle. Une fois sec, le volume peut être verni, puis frotté avec un chiffon dans lequel on aura mis quelques gouttes d'huile douce.

FOURNITURE D'IMPERFECTIONS DANS LES LIVRES VIEUX.

Il arrive souvent qu'une œuvre précieuse et rare présente une feuille déchirée ou manquante. Pour le fournir, la première étape sera d'obtenir l'utilisation d'une copie parfaite comme modèle. Procurez-vous ensuite du papier de la même couleur que la feuille à raccommoder et coupez-le soigneusement pour correspondre à la partie déchirée. Après que le morceau ait été soigneusement ajusté, inclinez-le ainsi que la feuille, très légèrement, le long des bords avec une pâte à base de farine de riz ; placez ensuite un morceau de papier de soie des deux côtés de la feuille, et lissez-le soigneusement avec la plieuse ; puis fermez le volume et laissez-le reposer jusqu'à ce qu'il soit parfaitement sec. Ensuite, retirez le papier de soie et vous constaterez que les parties qui adhèrent à l'endroit où se produit la jonction seront suffisamment solides pour fixer le morceau à la feuille du livre. Les lettres peuvent ensuite être copiées à partir de la copie parfaite et tracées sur la pièce insérée. L'apparence générale dépendra de l'habileté démontrée pour produire une imitation réussie de l'original.

CONSEILS

POUR LES COLLECTIONNEURS DE LIVRES.

N'écrivez jamais votre nom sur la page de titre d'un livre.

Faites découper vos livres le plus grand possible, de manière à préserver l'intégrité de la marge.

N'adoptez pas un seul style de reliure pour tous vos livres.

Que les reliures de vos livres soient caractéristiques du contenu et de la valeur de l'ouvrage.

Employez le maroquin turc pour les gros ouvrages ou pour les livres que vous utilisez constamment. C'est le matériau le plus résistant utilisé en reliure, à l'exception du maroquin du Levant qui est très onéreux.

de couleur anglaise fait une belle couverture et porte des outils entièrement dorés mieux que le maroquin . Ce dernier, s'il est trop riche, a tendance à paraître vulgaire.

Laissez la durabilité et la propreté de vos reliures être les principales exigences. Ornementez judicieusement et avec parcimonie, plutôt que de manière négligente ou criarde.

La poésie et les sermons ne doivent pas être traités de la même manière, ni par la couleur ni par le degré d'ornement à employer.

La valeur d'une bibliothèque sera renforcée par la quantité de connaissances et de goût affichés dans les reliures.

Le cuir de Russie ne protège pas contre les vers et se fissure rapidement le long de la jointure.

Les livres non coupés coûteront plus cher que ceux qui sont recadrés.

Pour bien relier un livre, il doit avoir suffisamment de temps pour sécher après chaque processus.

Lorsque vous recevez un volume du classeur, placez-le sur votre étagère de manière à ce que les volumes adjacents se pressent fermement contre lui et le maintiennent fermé ; ou, si vous le posez sur votre table, placez-y d'autres volumes, pour empêcher les planches de se déformer, et ne l'utilisez pas, pendant quelque temps, près du feu.

Lors de l'ouverture d'un volume, ne saisissez pas fermement les feuilles dans vos mains. Vous pourriez ainsi vous casser le dos. Si le livre est trop serré au dos , posez-le sur une surface plane, et ouvrez-le en prenant quelques feuilles à la fois, et en appuyant légèrement sur les feuillets ouverts, en allant ainsi du début à la fin, jusqu'à obtenir la liberté requise. Est obtenu.

Utilisez un coupe-papier ou une plieuse pour couper les feuilles de vos livres non coupés, afin que les bords soient lisses et uniformes ; sinon le livre devra être coupé une fois relié.

Ne reliez pas un livre nouvellement imprimé. Il est susceptible de se déclencher au pressing.

Ne détruisez jamais une reliure originale sur un ancien volume si la reliure est dans un état tolérable. Un vieux livre ne doit pas être rebondi, sauf si cela est essentiel à sa conservation ; et alors il devrait s'agir, dans la mesure du possible, d'une restauration.

Conservez soigneusement les anciens écrits et autographes sur les pages de garde, à moins qu'ils ne soient triviaux. C'est un acte de courtoisie envers l'ancien propriétaire d'un livre que de placer son ex-libris sur le plat de fin du volume.

Les feuilles vierges apparaissant dans les anciens volumes ne doivent pas être supprimées. Le bâtard ou le faux-titre doit toujours être conservé.

Faites placer toutes les plaques oblongues de manière à ce que l'inscription en dessous se lise de la queue à la tête du volume.

Ne reliez jamais une grande carte avec un petit volume. Il est susceptible de s'arracher ; et, en appuyant sur le volume, il fait des marques inconvenantes. Les cartes et les plans doivent être apposés sur des feuilles vierges, de manière à s'ouvrir hors du volume, afin que le lecteur puisse avoir le plan et le texte à examiner ensemble.

C'est une fausse économie que de relier plusieurs volumes ensemble, surtout s'ils sont de tailles différentes et traitent de sujets différents.

Gardez vos livres au sec, mais pas trop au chaud. Le gaz est nocif dans une bibliothèque, surtout pour la dorure des livres.

Ne placez pas de livres dont le dessus n'est pas coupé là où la poussière pourrait tomber dessus. Il va pénétrer entre les vantaux et gâcher l'intérieur des volumes.

Évitez de placer des livres avec des fermoirs ou des côtés sculptés sur les étagères. Ils marqueront et gratteront leurs voisins .

Ne rabattez jamais les coins et ne mouillez jamais vos doigts lorsque vous lisez ou retournez les pages d'un livre.

Ne lisez pas de livre à table. Les miettes ont tendance à pénétrer dans le pli arrière des feuilles.

Les livres ne sont pas destinés aux porte-cartes ni aux réceptacles de spécimens botaniques.

Ne laissez jamais un livre ouvert, face vers le bas, sous prétexte de garder la place. S'il reste longtemps dans cet état, il est probable qu'il s'ouvrira un jour à cet endroit.

Ne retirez jamais les livres des étagères par les bandeaux et ne les laissez pas reposer longtemps sur le bord avant.

Les livres ne doivent pas être grillés devant un feu ni transformés en coussins sur lesquels s'asseoir.

Saturez un chiffon de camphre et, une fois sec, essuyez de temps en temps la poussière de vos livres avec, et vous ne serez pas ennuyé par les vers de bibliothèque.

Traitez les livres avec douceur ; car « les livres sont de bons amis. Nous bénéficions de leurs conseils et ils n'exigent aucun aveu ».

Termes techniques
utilisés dans
la reliure.

Tout le long. —Lorsqu'un volume est cousu, et que le fil passe de point chaud en point chaud, ou d'un bout à l'autre dans chaque feuille, on dit qu'il est cousu tout le long.

Astérisque.— Signe utilisé par les imprimeurs au bas de la première page des feuillets en double imprimés pour remplacer ceux annulés.

Panneaux de support.—Sont utilisés pour le support ou pour former le joint. Ils sont en bois très dur ou recouverts de fer, et sont plus épais sur le bord destiné à former la rainure que sur le bord qui va vers l'avant-bord, de sorte que toute la puissance de la presse à poser peut être dirigée vers le dos.

Support- Marteau.— Le marteau utilisé pour le support et l'arrondi : il a une face large et plate, semblable à celle d'un marteau de cordonnier.

Bandes.— Ficelles sur lesquelles sont cousues les feuilles d'un volume. Lorsque le livre est cousu de manière flexible, des bandes apparaissent au dos. Lorsque le dos est scié de manière à laisser passer la ficelle, l'apparition de bandes en relief est obtenue en collant d'étroites bandes de cuir sur le dos avant de recouvrir le volume.

Band- Driver.— Outil utilisé en expédition pour corriger les irrégularités des bandes des dossiers flexibles.

Perle.—Le petit rouleau formé par le nœud du bandeau.

Saigner.— Lorsqu'un livre est découpé dans l'impression, on dit qu'il saigne.

Biseauté Planches.— Planches très lourdes pour les côtés chanfreinées sur les bords.

Aveugles- Outillés.—Lorsque les outils sont imprimés sur le cuir, sans être dorés, on dit qu'ils sont aveugles ou vierges.

Planches. — Sont de diverses sortes, telles que le pressage, le support, le découpage, le brunissage, la dorure, etc. Les cartons utilisés pour les couvertures latérales sont appelés planches. Les planches utilisées pour découper les livres Les « hors-planches » sont appelés planches de bateau à vapeur. Les planches étamées sont utilisées pour les travaux finis ; tandis que des planches en laiton ou en fer sont utilisées pour presser les tissus.

Bodkin ou Stabbing- Awl.— Une pointe forte de fer ou d'acier, fixée sur un manche en bois, pour former les trous dans les planches nécessaires au laçage des bandes. Utilisé également pour tracer les lignes de coupe du bord avant.

Fût.— Préparation utilisée pour dorer les tranches.

Boulon.— Le pli de la tête et du bord avant des feuilles. Egalement la petite barre avec une vis servant à fixer le couteau à la charrue.

Patrons.— Plaques de laiton fixées sur les côtés des volumes pour leur conservation.

Brisées . —Lorsque les planches sont retournées et pliées à peu de distance du bord arrière, avant d'être placées de manière à pouvoir tourner facilement dans le volume, on dit qu'elles sont brisées. Le même processus est parfois appliqué à l'ensemble du volume.

Brunissage.— L'effet produit par l'application du brunisseur sur les bords.

Brunisseurs.— Ce sont des morceaux d'agate ou de pierre de sang apposés sur les poignées.

Oblitérés.— Feuillets contenant des erreurs qui doivent être découpés et remplacés par des pages corrigées.

Casquettes.— Le revêtement en cuir du bandeau. S'applique également aux enveloppes en papier utilisées pour protéger les bords pendant la couverture et la finition du volume.

Case- Work.— Travail dans lequel les planches sont recouvertes et estampillées. Le volume est ensuite collé au dos et inséré dans ceux-ci.

Mot d'accroche.— Mot rencontré dans les premiers livres imprimés au bas de la page, lequel mot est le premier de la page suivante. Maintenant utilisé pour désigner le premier et le dernier mot dans une encyclopédie ou un autre livre de référence.

***Centre- Outils.*— Sont des outils simples, verticaux ou indépendants utilisés pour le milieu des panneaux par le finisseur.

Nettoyage.*— *Enlever les vieux papiers et enlever tout cuir superflu à l'intérieur, en vue de coller le papier de doublure.

***Rassemblement.*— Examiner les signatures, une fois le volume rassemblé, pour vérifier si elles sont correctes et suivent par ordre numérique.

***Coins.*—Les outils triangulaires en laiton utilisés pour la finition des dos et des côtés. Les ornements dorés utilisés sur les livres en velours. Également, le cuir collé sur les coins des livres à demi-reliure.

***Creaser.*— Outil utilisé pour marquer chaque côté des bandes, généralement en acier.

***Recadré.* — Lorsqu'un livre a été trop coupé, on dit qu'il est recadré.

***Dentelle.*— Une fine bordure ouvrée ressemblant à de la dentelle.

***Bord- Roulé.*—Lorsque les bords des planches sont roulés. Il peut être en or ou en aveugle.

***En relief.*—Lorsqu'une plaque est estampée sur la couverture de manière à présenter une figure ou un dessin en relief, on dit qu'elle est en relief. Certains appellent à tort ce genre de travail Arabesque.

***Papiers de fin.*— Papier placé à chaque extrémité du volume, dont une partie est enlevée lorsque le papier de doublure est collé sur les planches. Aussi appelé vieux papiers.

***Filet.*— Ornement cylindrique utilisé en finition sur lequel des lignes simples sont gravées.

***Finition.*—Est-ce le département qui reçoit les volumes après leur mise en cuir et les ornemente selon les besoins. Celui qui travaille dans cette succursale est appelé un finisseur.

Presse de finition.— C'est la même chose qu'une presse de pose, mais beaucoup plus petite.

Flexible. —Lorsqu'un livre est cousu sur des bandes en relief et que le fil passe entièrement autour de chaque bande.

Dossier.— Il s'agit d'un morceau plat d'os ou d'ivoire utilisé pour plier les feuilles et dans de nombreuses autres manipulations. Également appliqué à une femme occupée à plier des feuilles.

Avant- bord.— Le bord avant du livre.

Plaque de fondation.— Plaque de fer ou de laiton sur laquelle sont apposés des timbres latéraux.

Expédition.— Est-ce la branche qui prend les livres après leur couture et les avance jusqu'à ce qu'ils soient mis en cuir prêts pour le finisseur. Celui qui travaille dans cette succursale est appelé transitaire.

Reliure complète. — Lorsque les faces d'un volume sont entièrement recouvertes de cuir, on dit qu'il est relié entièrement.

Rassemblement.— Processus de rangement des feuilles selon les signatures.

Jauge.— Utilisée dans l'expédition pour prendre la taille correcte du volume et pour la marquer sur les planches pour l'équarrissage.

Dorure.— S'applique aussi bien sur les tranches que sur les ornements en finition.

Glaire.— Les blancs d'œufs .

Râpe.— Instrument en fer utilisé par le transitaire pour frotter les dos après les avoir lavés à la pâte.

Gouge.— Outil utilisé en finition, dont la face est une ligne formant le segment d'un cercle.

Gardes.— Bandes de papier insérées au dos des livres, destinées à l'insertion de planches, pour éviter que le livre ne soit inégal lorsqu'il est rempli ; ainsi que les bandes sur lesquelles les plaques sont montées.

Guides.— La rainure dans laquelle la charrue se déplace sur la face de la presse à découper.

Demi- reliure. —Lorsqu'un volume est recouvert de cuir sur le dos et les coins, et que les côtés sont recouverts de papier ou de tissu.

Lettres à la main.— Lettres coupées et apposées sur des poignées, et ajustées individuellement sur le volume lors du lettrage.

Tête et queue.—Le haut et le bas d'un livre.

Bandeau.— L'ornement en soie ou en coton est travaillé aux extrémités de manière à rendre le dos à égalité avec les carrés.

Imperfections. — Feuilles rejetées parce qu'elles sont imparfaites à certains égards, et pour lesquelles d'autres sont nécessaires pour compléter l'ouvrage.

En planches. — Lorsqu'un volume est coupé après que les planches de pâte ont été fixées pour former les côtés, on dit qu'il est coupé en planches. Le terme s'applique également à un style de reliure dans lequel les planches sont simplement recouvertes de papier.

Encart.—Les pages découpées en pliage et placées au milieu de la feuille.

À l'intérieur des boîtes.— Ainsi appelé parce qu'il est placé à l'intérieur des planches lorsque le volume est mis dans la presse debout.

Joints.—Les saillies formées dans le support pour admettre les planches ; appliqué également à l'intérieur lorsque le volume est recouvert.

Justification.— Le respect que les pages d'un volume soient concordantes et parallèles partout, de manière à assurer une marge droite et égale.

Kettle- Stitch.—Le point que l'égout fait à la tête et à la queue d'un livre ; on dit que c'est une corruption du point de chaînette.

Clés.—Les petits instruments utilisés pour fixer les bandes à la presse à coudre.

Fer à renverser.—*Ainsi* appelé parce que les feuillets, une fois lacés, sont martelés dessus, de sorte qu'ils ne montreront pas quand le livre est couvert.

Lacé. — Lorsque les planches sont fixées au volume au moyen de bandes passant à travers des trous pratiqués dans les planches, on dit qu'elles sont lacées.

Lettrage- Bloc.— Pièce de bois, dont la surface supérieure est arrondie, sur laquelle sont inscrites des étiquettes latérales.

Lettrage- Boîte.— La boîte dans laquelle les caractères sont foutus en préparation au lettrage.

Doublure- Papier.— Le papier coloré ou marbré à chaque extrémité du volume.

Marbreur. — L'ouvrier qui marbre les bords des livres, etc.

En onglet. — Lorsque les lignes de finition se coupent à angle droit et se poursuivent sans se chevaucher, on dit qu'elles sont en onglet .

Hors planches. — Lorsqu'un volume est coupé avant que les planches ne soient apposées, on dit qu'il est fait hors planches.

Surfilage.— Opération de couture, lorsque l'ouvrage consiste en des feuilles ou des plaques simples.

Palette.— Nom donné aux outils utilisés pour la dorure sur les bandes, parfois appliqués à la boîte aux lettres.

Panneau.— L'espace entre les bandes ; également appliqué aux côtés biseautés et enfoncés.

Mise en papier.— Recouvrement des tranches après leur dorure, de manière à les protéger pendant la couverture et la finition du volume.

Parage.— Réduire les bords du cuir en formant une pente progressive.

Pastewash .— Une fine dilution de pâte dans l'eau.

Crayon.— Une petite brosse en poil de chameau.

Morceau.— Lorsque l'espace entre les bandes, sur lequel le lettrage est placé, comporte un morceau de cuir différent du dos, on dit qu'il est morceau ou titré.

Charrue.— L'instrument utilisé pour couper les bords des livres et des cartons.

Points. — Trous faits dans les feuilles par l'imprimeur ; ils servent de guides dans le pliage.

Polisseuse. — Outil en acier utilisé pour la finition.

Presse. — Il existe différents types de presses, à savoir : pose ou découpe, pose, estampage, gaufrage, dorure et finition.

Râteau. — Un instrument utilisé dans l'expédition, pour durcir les dos tout en étant lavés à la presse.

Râpé. — Le bord tranchant enlevé des planches.

Registre. — Le ruban placé dans un volume pour un marqueur ; également une liste de signatures, jointes à la fin des premiers ouvrages imprimés, à l'usage du classeur.

Rouleaux. — Les ornements cylindriques utilisés dans la finition.

Montant. — Lorsque le dos présente un filet allant de la tête à la queue sans être biseauté à chaque bande, on dit qu'il est remonté.

Runner. — La planche avant utilisée dans les arêtes de coupe, etc.

Égout. — Personne qui coud les draps ensemble sur la presse à coudre, généralement une femme.

Set- Off. — Désigne le transfert de l'encre sur la page opposée.

Fixation de la tête. — Recouvre soigneusement le bandeau avec le cuir, de manière à former une sorte de bonnet.

Rasage- Baignoire. — Le papier découpé sur les bords d'un volume est appelé copeaux. Le réceptacle dans lequel ils tombent pendant que le porteur coupe les bords est appelé cuve à raser.

Signature. — La lettre ou le chiffre sous la ligne de bas de page de la première page de chaque feuille pour indiquer l'ordre de classement dans le volume ; parfois appliqué à la feuille elle-même.

Format. — Préparation utilisée pour le finissage et la dorure, généralement à base de vélin.

Glissades. — Les morceaux de ficelle qui dépassent du volume après sa couture.

Carrés.—Les parties du plateau qui dépassent des bords.

Poignardage.— Opération consistant à percer les planches avec un passe-partout pour faire passer les bordereaux ; aussi le perçage de brochures en vue de les coudre.

Timbres.— Les outils en laiton utilisés dans la finition pour imprimer une figure sur le cuir ; ils se distinguent par des tampons à main et des tampons pour la presse.

Début.—Lorsque l'une des feuilles n'est pas correctement fixée à l'arrière, lors de l'ouverture du volume, elle se projette au-delà des autres et est dite démarrer.

Bateau à vapeur.— Découpage de livres dans des planches, plusieurs livres étant découpés en même temps.

Couture.— Opération consistant à faire passer le fil à travers une brochure dans le but de fixer les feuilles ensemble.

Butées.—Sont de petits outils circulaires, adaptés pour arrêter un congé lorsqu'il se coupe à angle droit, afin de gagner du temps lors du travail en onglet .

Titre.—L'espace entre les bandes sur lequel le lettrage est placé.

Outils.— Appliqué particulièrement aux tampons manuels et aux outils utilisés pour la finition.

Trindle.—Une bande de bois mince ou de fer .

Retournement.— *Processus consistant à couper les bords avant* de manière à projeter l'arrondi hors de l'arrière jusqu'à ce que le bord soit coupé.

Liage.—*Liage* d'un volume après que la couverture a été tirée, de manière à faire adhérer le cuir aux côtés des bandes ; également pour régler la tête.

Fouetter.—Le processus de surcouchage des plaques.

Témoin. — Lorsqu'un volume est découpé de manière à montrer qu'il n'a pas été coupé aussi petit que certaines feuilles, leurs bords non coupés le prouvent et sont appelés témoin et quelquefois preuve.

Rides.—Les surfaces inégales dans un volume, causées par un mauvais pressage ou par l'humidité, également causées par un support inapproprié.

www.ingramcontent.com/pod-product-compliance
Lightning Source LLC
Chambersburg PA
CBHW051439130726
47987CB00005B/2108